■ 丛书主编／黄升民 张金海

■ 丛书主审／丁俊杰 陈培爱

赵 洁 编著

Creative Advertising Ideas and Techniques

等学校广告学系列教材

广告创意与表现

武汉大学出版社
WUHAN UNIVERSITY PRESS

图书在版编目(CIP)数据

广告创意与表现/赵洁编著.—武汉：武汉大学出版社,2007.6(2018.8重印)
高等学校广告学系列教材
ISBN 978-7-307-05548-3

Ⅰ.广…　Ⅱ.赵…　Ⅲ.广告学—高等学校—教材　Ⅳ.F713.8

中国版本图书馆 CIP 数据核字(2007)第 055335 号

责任编辑:任　翔　　责任校对:黄添生　　版式设计:支　笛

出版发行:**武汉大学出版社**　(430072　武昌　珞珈山)
(电子邮件:cbs22@whu.edu.cn　网址:www.wdp.com.cn)
印刷:武汉市洪林印务有限公司
开本:720×1000　1/16　印张:11.75　字数:209 千字
版次:2007 年 6 月第 1 版　2018 年 8 月第 10 次印刷
ISBN 978-7-307-05548-3/F·1053　定价:46.00 元

高等学校广告学系列教材编写委员会

努力加强广告学专业教材建设
全面提升广告学高等教育质量

（代序）

中国广告学高等教育至今才20多年的发展历史，是如此的年轻，谁曾料想到，20多年后的今天，全国竟发展至200多个广告学高等教育专业教学点。毫不夸张地说，广告学是我国高等教育近20年来发展速度最快的专业之一。

我们现在经常提“跨越式发展”、“超常规发展”，这几乎成了我们所处的转型期社会的一种社会常态，尽管有人反对，却也有许多人主张。“跨越式发展”或称之为“超常规发展”，在一定程度上有悖于事物发展的自然规律，然而在某一特殊的社会时期，未必不是一种必需。对于中国广告学高等教育的发展，似乎也应作如是观。中国广告学高等教育的“超常规发展”，正是现代中国社会经济持续高速发展的必需，中国广告产业持续高速发展的必需。

不可否认，与“跨越式发展”或称之为“超常规发展”相伴随的，常常是一种我常戏称的“跨越式发展症”或“超常规发展症”。因此，问题的存在也是一种必然。不过，我一直不太认同对我国广告学高等教育“高速低质”的总体评价。

诚然，与许多传统学科和专业相比，广告学高等教育的确存在师资力量欠缺、教学欠规范、理论研究相对滞后等诸多问题，但20多年的进步，却是巨大而有目共睹的。全国广告学高等教育工作者多年来辛勤劳作，默默奋争，并承受着某些偏执的学科与专业歧视，不断推进着我国广告学高等教育质量的全面提升。我曾拜访过诸多广告业界人士，他们对我国广告学高等教育也有一些意见和看法，但总体评价却是肯定的。与积淀浸润上百年、几百年的传统学科相比，我国广告学高等教育不过20多年的历史，在某些层面自然不具有可比性，若论与社会实践的结合度，以及广告学高等教育的社会参与度与活跃度，在我国高等教育领域，至少是值得我们自许的。

与起步初始阶段相比，目前我国的广告学高等教育无论是在师资力量、教学规范上，还是理论研究上，早已不可同日而语。在本科教育的基础上，具有广告学硕士学位授予权的高校，目前已有 30 多所，招收广告学博士研究生的也有上十所高校。在我国新闻传播学学科范围，将广告学提升为二级学科的呼声日高。“低质”的评价也许出在评价的参照系上。如果说我国的广告学高等教育“速度的增长”与“质量的提升”的非同步发展，以及全国高等教育范围内各广告学专业教学点非均衡发展，也许更切合实际。

广告学高等教育专业教学点，从最初的一个、几个，仅 20 多年的时间，发展到现在的 210 多个，的确是令人惊讶。随着广告学高等教育的飞速发展，高等教育的广告学专业教材也与日俱增。这同样是一件正常而可喜的事。教材建设是专业建设的基础。有人认为广告学专业教材建设过“滥”，我倒以为没有一定的“量”就不可能有一定的“质”，任何事物的发展都有一个从“量的增长”到“质的提升”的过程，所谓“大浪淘沙”、“吹尽黄沙始见金”，这是一个规律。再者，现在又是一个知识更新频率不断加快的时代，广告学深处其中，没有淘汰，没有更新，倒真是不正常的事。

1996 年，武汉大学出版社曾组织出版过“珞珈广告学系列丛书”，共 10 种，数十所高校采用为广告学专业教材，先后两版十多次印刷。现在看来，也有陈旧之嫌，亟待更新。出版社多次与我商谈，要求我们重新全面修订。我们考虑，与其在原有范围内修订，不如花大气力在全国范围重新整合力量，推出一套新教材更好一些。我们的这一想法得到出版社的认同，并立即组织实施。

现有的 200 多个广告学高等教育专业教学点，分布于全国各地，分置于不同的学科背景。有的设置于艺术类学科之下，有的设置于经济类学科之下，有的设置于新闻传播学科之下。各高校各学科类型的广告学专业，都具有各自的办学特色，各自各具优势的培养目标。正是这样一种教学格局，适应了我们广告业对广告专业人才的多种需求；也正是这种教学格局，决定了广告学高等教育不可能有一种“放之四海而皆准”的教学模式。在许多场合下，我都曾明确主张过广告学高等教育的教学模式的多元发展。也正因为如此，要编纂一套具有完全普适性的广告学专业教学的教材，也只是一种良好的愿望。本系列教材的编纂，也只是尽可能把握广告学高等教育的基本规律和基本特征，在书目的确立和内容的厘定上，使之具有更大的可选性。

本套教材初步拟定的书目达 20 种之多，参加编写的高校也有 20 多所。中国传媒大学广告学院院长、教授、博士生导师，全国广告学高等教育研究会副会长黄升民先生，深圳大学文学院院长、教授，全国广告学高等教育研究会副会长吴予敏先生，以及本人一起应邀担任本丛书的主编。中国传媒大学副校长、教授、博士生导师丁俊杰先生，厦门大学文学院副院长、教授、博士生导师，全国广告学高等教育研究会会长陈培爱先生，应邀担任本丛书主审。上海师范大学的金定海教授、上海大学的张祖健教授、华中科技大学的舒咏平教授、南京师范大学的陈正辉教授、天津师范大学的许椿教授、华中农业大学的吕尚彬教授、武汉理工大学的夏晓鸣教授、西北大学的杨立川教授、暨南大学的杨先顺教授、福建师范大学的刘泓教授、中南民族大学的张贤平副教授、湖北大学的余艳波副教授、江西财经大学的罗书俊副教授等，应邀担任本丛书的副主编和编委。能与这么多的学者和朋友一起合作，本人深感荣幸。因本丛书的编纂，作者和内容涉及面都比较广，规模又比较大，受出版社委托，具体组织和联络工作由武汉大学的姚曦副教授、程明副教授担任，故二人应邀担任本丛书的常务副主编。

我们都来自五湖四海，为了一个共同目标走到一起。这个目标就是，促进中国广告学高等教育的健康发展，全面提升我国广告学高等教育的质量。但愿我们的努力切实而富有成效。

张金海

二〇〇六年四月六日于武汉大学

前　言

如果想一想，你会发现，我们的生活是由那些有创意、有想法的人所左右的。比如，今年夏天流行什么款式的服装？过年送礼要送什么？怎么吃才算营养？买什么样的空调符合环保？国庆节应该怎么过？……

似乎，人们可以分成两类：有创意的和没有创意的，决定性的和跟从性的。但事实并非如此。其实，每个人都可以成为“有创意的”。创意能力并不是某些天才的专利。

那么，如何成为“有创意的”人？是否有一些方法可以让我们成为“有创意的”人？本书不是教你怎么写一则广告文案，怎么设计一幅平面广告或做一个影视广告脚本，而是从创意思维入手，进一步解剖广告创意的策略与具体步骤，并且将广告创意表现进行分门别类的整理，试图让人掌握“如何创意”的思路。希望本书不是一本面孔严肃、一本正经的教材，而是一把钥匙、一张地图，用它们，你可以开启智慧的门，可以踏上你独有的、无穷的创造之路。这本书也与大家分享了广告界泰斗和顶尖创意人的创意哲学与优秀作品，相信任何一位读过这本书的人，即使不是从事广告行业的，也能从中汲取灵感并享受好的创意所带来的巨大的乐趣。

我国政府近期制定的《国家“十一五”时期文化发展规划纲要》认可了文化创意产业的概念。在我国当前提倡“建设创新型国家”的理念下，文化创意产业将有广阔的发展前景。在此大背景下，这本书的诞生有着更为积极的意义。

笔者在国内第一个开办广告学本科专业的大学开设“广告创意”这门课已经有 10 年的时间，其实这本书的写作计划多年前就有了，但终因种种原因迟迟未动笔。近年来，市面上关于广告的书有很多，但比较系统、实用的关于“广告创意”的教科书却是凤毛麟角。10 年间，我国的经济持续稳定地发展，作为经济晴雨表的广告业得到长足的进步，广告的创意与表现水准相应提高，而这很大程度上得益于日渐完善的广告人才培养机制，这一点仅从全国各地几乎所有大专院校都已开设广告学专业或课程这个事实就可以得出结论。经常有来自其他兄弟院校的进修老师希望有一本这门课的教材，可以让他们带回去参考。这次应武汉大学出版社之邀，利用假期将这些年教学实践中的经验和思考整理出来，希望这本书可以成为大专院校师生和广告专业人士的参考书，同时对非广告专业的人士也能有一定的启发作用。

书中所引用的图片的出处已在参考书目中标明，书中引用的文字也已在注释中标明出处。疏忽和遗漏之处还请原谅。书中不少图片来源于互联网络，出处难以确定。作者本着作为教学参考的目的在此引用，敬请谅解。也欢迎原作者与出版社或本人联系。由于本人的能力有限，书中或有不当或不准确的地方，请专家、业界同行不吝赐教。

成书的过程中得到了我的研究生肖玉琴、章淑君、周檩、余玲玲的协助，他们参与了本书第三章第二节和第三节内容的收集和整理。本书在最后阶段还得到了焦丹丹同学的大力支持，帮助收集了大部分图片资料，并进行了本书最后的校对和部分文字编辑。

还要感谢黄合水老师与出版社的任翔老师，是他们的不断督促使我最终完成书稿。

赵　洁

2006 年 10 月

目　录

第一章 广告创意概论

第一节　广告创意与广告业

一、创意

现在经常听人说：“这个广告好有创意”，或“你这个人很有创意”。那么，时下被大家广为接受的“创意”这个词从哪里来的呢？让我们先来看看这个词是如何进入我们的日常语境的。

“创意”一词的诞生是时代的产物，标志着一个注重创新思维的时代的来临。“‘创意’一词的问世大约是1984年以后，这时我国广告业才刚刚起步……从一些美国20世纪60年代研究广告表现创作的著作来看，这样一些词常被译成‘创意’，如广告大师詹姆斯·韦伯·杨的名著《*A Technique for Ideas*》被译成《产生创意的方法》”。①

从相关资料来看，创意这个词是由台湾地区传入大陆的，在中国大陆最早运用于广告业，20世纪90年代初期开始普及开来，如今已经成为应用广泛的汉语词汇之一。

《辞海》中“创”有“创始、创造、独到的见解；初次出现、首创前所未有的事物”等意思；“意”有“意思、意味、心愿、意向、意境”等意思。笔者个人认为，创意一词很好地组合了英文的Creativity（名词，创造力，创造）和Idea（名词，想法，念头，意见，主意，思想，观念，概念）的含义。

那么，到底什么是创意？

---

① 黎泽潮．广告创意的定位策略．安徽师范大学学报(人文社会科学版)，1999，27(2)

有人说，创意就是一种新的主张，或新的做事方式；也有人说，创意就是创造、试验、冒险、打破规则、犯错，并且乐在其中。

笔者试着在这里给“创意”下一个定义：

“创意”是一种创造性思维（creative thinking）的过程和结果，这个过程具有阶段性特征，它的直接产物是崭新的想法和主张。另外，在本书中，“创意”一词，也经常同“创造力”一词交替使用。“创意”同时具有名词词性和动词词性，作为名词词性，大多指的是一个创造性思维的产物，一个前所未有的突破结果，它有具体的东西呈现出来；作为动词词性，则指的是创造性思维的过程，是创意者充分发挥想像力，对已有事物的革新，对旧经验的改造。

在日常的生活、学习和工作中，我们看到有的人想法多多，古灵精怪，有的人似乎比较因循守旧，墨守成规，那么创意是否只是某些人的专利？还是每个人都能够有创意？

陶行知先生说过：“处处是创造之地，天天是创造之时，人人是创造之人。”其实，上天赋予每个人创造力，从诗歌创作到建筑房屋，从电脑编程到编幽默段子，从音乐到科学，无一不是人类创造力的展现。有人说，成为有创意的人有两种途径：一是你能歌善舞；或者，你造一个剧场，在那里，诞生无数的歌者和舞者。之所以有的人一辈子过着平庸的生活而另一些人大获成功，是因为前者将上天给他们的宝贵礼物白白浪费了，而后者善于从生活里每一件平凡的小事中发现美，并且善于创造美，将生活中的每一件平凡小事都变成了礼物。

二、作为创意产业的广告业

“创意产业”一词最早出现在英国 1997 年大选之后，刚成为首相的布莱尔着手成立了“创意产业特别工作组（Creative Industry Task Force）”，并亲自担任了主席，大力推进英国文化创意产业的发展，提倡与鼓励人的原创力在英国经济中的贡献。

1998 年，英国创意产业特别工作组首次对创意产业进行了定义：“源于个人创造力、技能与才华的活动，而透过知识产权的生成和取用，这些活动可以发挥创造财富与就业的成效”。根据这个定义，英国将 13 个行业确认为“创意产业”：广告、建筑、艺术和文物交易、工艺品、设计、时装设计、电影、互动休闲软件、音乐、表演艺术、出版、软件、电视广播等。

很显然，排在创意产业之首的广告生产就是创意本身。很多公司的成功依赖于不断的创新。在当代，创新甚至成为了企业发展的根本，而能产生伟大创意的公司经常依靠的是有创意的人，由此可见创意的重要性。那么，摆在创意人面前就有几个大问题：什么是大创意？如何源源不断地产生大创意？大创意思维能通过个人后天努力培养和完善吗？

第二节　有创意的广告

笔者曾经在香港拜访过发起“龙玺”全球华人广告奖的资深创意人林俊明先生，他曾经是许多广告节的评委（包括法国的戛纳广告节）。当问他如何判断一个广告是否有创意时，他回答说：“当我看到一个广告作品，我对自己说，我希望这是我做的，那么这就是一个有创意的广告。”

美国天才广告创意人乔治·露易斯对“伟大的创意”有这样一番描述：

“一个伟大的创意就是一个好广告所要传达的东西；一个伟大的创意能改变我们的语言；一项伟大的创意能开创一项事业或挽救一家企业；一个伟大的创意能彻底改变世界。”

当我们说这是一个有创意的广告，意味着这个广告表现了与众不同的新意，有不同寻常的想像力。那么它与某个优秀的艺术品有什么不同呢？不同就在于广告作品是具有“目标导向”的，它是为广告主所设定的沟通目标服务的，所以它总是与所广告的某个产品、服务有着内在的关联，通常广告主通过具体的广告创意表现，向其目标受众传递某种“问题的解决之道”，或者某种特别的生活方式。

有人不禁要问，有创意的广告是否都是成功的广告呢？

除了我们刚刚所说的，广告创意应该同广告产品有内在关联外，香港知名创意人纪文凤认为，一个成功的广告都有一个独特的性格，配合目标对象的愿望、幻想、感情上的需要或生活方式。因此，她认为，广告的构思、文字和图片都应该具有下列三点：高度独特及有创意；使消费者产生强烈的好感及吸引力；有一个清楚明确的性格，长久有效，历久不衰①。其实，最后这一点，就是我们下面要谈的“核心创意”这个概念。

第三节　广告的核心创意

多年前，笔者读《奥美的观点》一书，很赞同资深创意指导理查·范乐尔的一个提法，他认为“真正的广告创意是广告的核心所在，我宁可称其为核心创意”。他给核心创意的定义是：“连结‘承诺’与实际执行细节的创意

① 纪文凤．点只广告咁简单．香港：博益出版集团，1984

步骤。”

他举了一个例子来说明什么是核心创意以及如何将核心创意付诸广告具体执行（表现）。下面就是这个例子。

巴西奥美广告公司曾经为Araldite品牌的强力胶制作过一个令人印象深刻的电视广告。广告中，他们把两个可口可乐和百事可乐易拉罐粘合在一起，它传达的信息是：Araldite可以让任意的两个表面紧密相连。那么，这个广告的核心创意是什么呢？那就是：藉由将最不可能、看来最不相容的两个物体粘接在一起，戏剧化地表现产品的黏着力之强，也表现出了强力胶的特别功能。换句话说，可口可乐和百事可乐，耐克（Nike）和阿迪达斯（addidas），波音公司和空中客车，或任何南辕北辙的两样东西，都可以通过Araldite强力胶紧密地联系起来。所谓的“不相容”，可以是物理上的，比如水和火，也可以是精神层面上的，比如竞争中的双方。

斯米诺夫Smirnoff伏特加酒多年来已经发布了数以百计的主题为“透过瓶子”（through the bottle）的系列平面广告，不仅广告界人士欣赏这些广告作品，还深受世界各地人们的欢迎。以下是其中的几幅代表作。它们的核心创意是什么？大家可以充分展开联想。

图1-1　神甫领口的口红印，欲望与现实的矛盾

广 告 主：UDV/Smirnoff

广告代理：Lowe Howard

创 作 者：Sue Higgs和Wayne Hanson

摄 影 者：David Scheinmann

图 1-2　骑在我头上作威作福的日子该结束了！雕塑的报复

广 告 主：UDV/Smirnoff

广告代理：Lowe Howard

创 作 者：Paul Falla 和 Brian Cambell；

摄 影 者：Mike Terry/Falio

图 1-3　披着羊皮的狼洋洋自得

广 告 主：UDV/Smirnoff

广告代理：Lowe Howard

创 作 者：Kevin Jones 和 Paul Jones

摄 影 者：Paul Bevitt

图 1-4　庄严的议会大厦实际上是一个马戏团，带有政治讽刺意味

广 告 主：Pierre Smirnoff Co

广告代理：ICPS—Infinity Belgrade

广告文案：Vladimir Milanovic

艺术总监：Slobodan Jovanovic

思考与练习

1. 什么是创意？什么是核心创意？
2. 什么是大创意（big idea）？
3. 列出你看到过的最有创意的 5 个广告，并说明理由以及其核心创意。

链接：有关广告创意的相关网站

1. http://www.plotter.cn/index.asp 普拉特策划网
2. http://www.kleinerfisch.com/ 赖治怡的小鱼广告网
3. http://ad.sjplay.com AD 广告下载网
4. http://www.globrand.com 全球品牌网
5. http://www.g999.com 广告人 & 传媒人社区
6. http://www.chinaadren.com 中国广告人网站
7. http://www.ionly.com.cn 东方视觉
8. http://www.waiad.com 广告前线
9. http://www.visionshow.com 视觉秀
10. http://finance.tom.com/jingying/guanggao.html 广告欣赏
11. http://www.china4c.com 4c 市场资讯
12. http://www.addown.com 中国广告下载网
13. http://www.chinavisual.com 视觉中国
14. http://chinese.mediachina.net 传媒资讯网
15. http://www.cnaaaa.com 中国 4A 广告网
16. http://www.haoad.com 中国好广告网
17. http://www.a.com.cn 中华广告网
18. http://www.mad26.com/ 疯狂广告网

附录1：Google图标创意欣赏

Google是全球最受欢迎的搜索引擎，每天数以亿计的人们在用它收集各种资讯。在全世界各地的各种节日或一些特别的纪念日到来之际，Google会适时地在其标志上稍作修改，以最直接的方式传达信息和表达新意，给上网的人们带来娱乐的同时也拉近了与消费者之间的心理距离。以下就是精选的一些作品，包括一组雅典奥运专题：

图1-5　Google标志雅典奥运特辑

图 1-6　Google 标志特别纪念日

思考与练习

1. 你喜欢这些标志吗？你从中得到什么启发？试着就一个主题设计一个 google 标志。

2. 为你自己设计一个个性签名档（要求图文并茂）。

附录2："绝对"牌伏特加

"绝对"牌伏特加（Absolut Vodka）的销售成长是一个奇迹，它的"绝对（是）……"系列广告是广告中的巅峰之作，成为脍炙人口的广告经典，也是广告创意人耳熟能详的作品。

"绝对"牌伏特加系瑞典产品。1978年当"绝对"牌伏特加进入美国市场时，人们都认定"绝对"伏特加"绝对"失败，因为谁都知道，伏特加的老家在俄国，那里才出产"正宗"的伏特加。美国代理商Carillon公司委托TBWA广告公司为"绝对"牌伏特加做广告，TBWA意识到，品牌要成功，广告不能随波逐流，必须冲破一般酒广告的传统模式，必须创造它的附加价值，把"绝对"品牌塑造成时尚的，人人都想喝的形象，他们决定在"绝对"二字上寻找突破，用名字和酒瓶形状的独特来表现质量和时尚。TBWA提出的广告概念是揭示"绝对"牌伏特加与市场上其他品牌的差异点。最初的平面广告创意都是以"绝对(ABSOLUT)"为首字,并以一个表示品质的词居次,例如"绝对诱惑"、"绝对清澈"、"绝对创意",画面则以特写的瓶子为中心,视觉效果非常突出。该产品的独特性由广告产生的独特性准确地反映出来,但更为重要的是,与视觉关联的标题措辞与引发的奇想赋予了广告无穷的魅力和奥妙。

这种别出心裁的创意方式很快就引起市场的迅速反应，不仅销量大幅度增加，而且可以看出，消费者对这种形式的创意非常感兴趣，于是TBWA决定将这种创意形式延续下去,不断衍生出许多"绝对"话题,从而以不断变换的内容和一致的外在形式来吸引消费者的注意,同时,也可以在长期的传播过程中建立自己独特的品牌个性,这种策略性的广告创意就是品牌最直观的个性。

1981年，该产品开始做广告的时候，其在美国全年的销售量大约2万箱。到了1995年，它的销量超过已经是300万箱，增长了14900%。在广告表现上，"绝对"牌伏特加采用将独具特色的酒瓶外观与其他事物嫁接的手法，强化了人们对于品牌的记忆，可以说已经达到了移花接木的最高境界——"润物细无声"。与此同时，"取之不竭，用之不尽"的"绝对（是）……"主题幻化出成千上万、永不重复的广告表现，进一步强化受众对于品牌的偏好。

15年来，TBWA坚持在平面广告中采用这种"标准格式"，制作了500多张平面广告，虽然格式不变，但表现总是千变万化。广告运用的主题多达12类之多——绝对产品、绝对城市、绝对艺术、绝对节日、绝对口味、绝对文学、绝对服装、绝对新闻……尤其是"绝对城市"更是精彩绝伦,这组创意的元素全部选自世界著名城市最脸孔化的标志,然后,把绝对伏特加的瓶形巧妙地置换或添加在这些著名的标志物上，就形成了一幅幅令人叫绝的“艺术品”。①

自从 1999 年“绝对”牌伏特加全新的营销活动展开以后，“绝对”伏特加已渗入到多种视觉艺术领域，例如时装、音乐与美术。至今全世界已有 500 多位画家为“绝对”牌伏特加的广告创作了自己的作品，同时还有上百位画家在等候为“绝对”牌伏特加创作的机会。但无论在哪个领域中，“绝对”都能凭借自己品牌的魅力吸引众多年轻、富裕而忠实的追随者。

“绝对”牌伏特加广告获奖无数。1992 年入选美国行销协会“行销名人堂”（American Marketing Association's Marketing Hall of Fame），同获此殊荣的只有可口可乐和耐克。“绝对”牌伏特加的声名远扬完全凭借平面广告的威力，而没有借助于似乎更有威力的电视广告②。2003 年，美国商业杂志《福布斯》（Forbes）所评选的美国奢侈品牌排行榜中“绝对”牌伏特加在排行榜中独占鳌头。

图 1-7 “绝对”北京（城市主题）

① 5 分钟的创意，15 年的绝对执行——瑞典“绝对伏特加”如何突破“俄罗斯包围”. 赵正. 中国经营报，2003-9-29

② Absolut Book，Richard W. Lewis，Journey Editions，1996

图 1-8 “绝对”秋天（季节主题）

图 1-9 “绝对”黑加仑（口味主题）

图 1-10 “绝对”范思哲（时装主题）

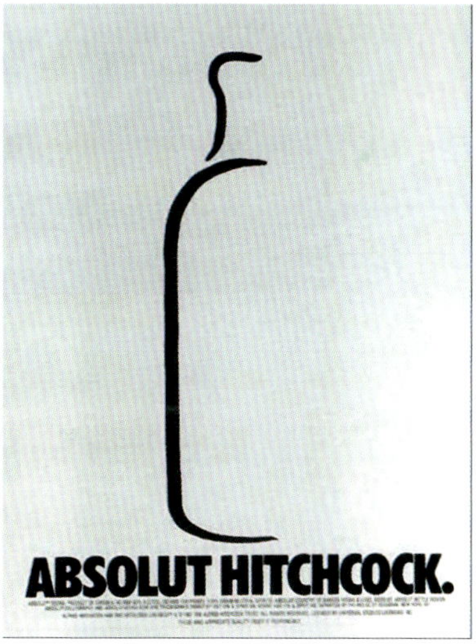

图 1-11 “绝对”希区柯克(艺术家主题)

思考与练习

1. “绝对”牌伏特加的核心创意是什么？
2. 就“非常中国”进行思考，你能想到哪些具体的表现？

第二章 创意思维的特征与培养

第一节 创意思维及其特征

一、为什么缺乏创意？

每个人都有与生俱来的创造能力，但为什么有的人明显地比其他的人缺乏创意呢？

研究发现，人们缺乏创意的原因不外乎这么几项：

1. 受既有习惯所束缚。人们习惯于走同一条路上班，吃同一家的盒饭，剪同一个发型——习惯难以培养，更难以改变。

2. 缺乏问题意识，感官麻木，对任何事情想当然。天当然是蓝的，树当然是绿的，很少多问几个“为什么”。孩子的创造力通常比成年人强，多是因为孩子总喜欢问问题，并在问的过程中进行了思考，而成年人则倾向于接受事实。

3. 时间太过紧迫。因为不经常用脑，所以没有所谓的“急智”。要知道大脑就像机器，不用也是会生锈的。

4. 害怕面对失败。与其面对失败的痛苦，不如不去尝试。但是，是不是忘了“失败是成功之母”？没有失败的痛苦，哪有成功的喜悦？

5. 妄自菲薄。不相信自己能成功，这是任何尝试和前进最大的阻碍。所有成功人士都告诉我们，成功的首要条件是你对自己有必胜的信念。

6. 害怕被人批评和笑话。中国人特别有个爱“面子”的问题，生怕在别人面前出错，那样就会丢面子，这其实也是不自信的表现。

7. 未找到突破口，尚未发掘发挥潜能。人的潜能是巨大的，一旦被压抑的能力通过一定的方式被释放，则其能量源源不断。但是能量爆发的前提是个人要有意识地、主动地进行实践，挖掘自身的潜能，只有这样，才能在无数次的尝试中发现一丝曙光，这种喜悦便是使创造者不断迸发创意灵光的动力。

根据美国心理学家托兰斯（Torrance）1981 年的研究表明，具有高水平的创造力的超常儿童有以下的特征：

1. 有很多想法，能洞察事物之间的微妙关系，尤其爱幻想和假设。

2. 思考灵活性高。他们喜欢按自己的意思把事物或物品分解和重构。

3. 能同时思考不同性质的问题。常跟人分享自己发现的新事物或发明的产品。

4. 不按常规做事。他们能从多角度思考问题并提供独特的解决方法。

5. 善于表达情感，有丰富的幽默感。

6. 对感兴趣研究的事物有特强的能耐，喜欢探索难题。

7. 有艺术才华，充满活力。

8. 对复杂、神秘、不寻常的事物特别感兴趣并会主动研究。

根据托兰斯的研究，以下的结论很重要：创造力与智力的相关甚低，创造力的培养可透过教学过程获得；创造力并非超常儿童所独有的，一般儿童也有这样的潜能。

二、创意思维及其特征

人的思维有多种方式，从已知的研究来看，与创意思维直接相关的主要有发散性，也称为发散性思维（divergent thinking）、直觉思维、形象思维等。当然，我们这样说并不是否定集合性或称聚敛性思维（convergent thinking）、逻辑思维。在进行创意思维的后期，我们必须运用分析、判断、归纳等集合性思维进行整合。

所谓发散性思维又称求异思维，是指对同一个问题，沿着不同的方向，从不同角度、不同侧面，根据已有经验，对所给信息或条件加以重新组合，横向拓展思路、纵向深入探索研究、逆向反复比较，从而找出多种合乎条件的可能的答案、结论或假说的思维过程和方法。类比、联想法是进行发散性思维的有效途径。

直觉思维是一种没有完整的分析过程与逻辑程序，依靠灵感和顿悟，快速地作出判断和结论的思维活动。直觉思维具有自由性、灵活性、自发性、偶然性、不可靠性等特点。

形象思维是凭借事物的具体形象和表象的联想、想像来进行思维的活动。形象思维在创造性思维活动中所起的作用在于创造想像参与思维过程，使思维活动能够结合以往的经验，在想象中形成创造性的新形象，提出新的假设。创造想像参与思维过程是创造活动顺利开展的关键。

集合性思维是指有条理、明确范围的收敛性思维方式，是应用已有的信息求得一种答案。归纳总结是训练聚合思维的有效途径。

由于发散性思维是一种开放性思维，因此不少学者认为，发散思维与创造力有直接联系，是创造思维的中心，是测定创造力的重要指标之一。我国的教育体系，长期以来比较重视学生集合性思维的训练，忽略扩散性思维的培养。值得庆幸的是，近些年来，一些有远见卓识的研究者和教育工作者已经意识到这个问题，创造力的培养已经提到教育界的议事日程上来了。

陈龙安先生认为，创意思维的特征表现在以下五个方面。①

1. 敏觉力（sensitivity）：是指对问题的敏感度。具有瞬时发现缺漏、需求、不寻常及未完成部分的能力。当然，也包括对细节美的发现能力。只有具有瞬时感知美、发现不足的能力，才能在创意中有效地保留美和完善不足。

2. 流畅力（fluency）：是指产生大量的意念或作品，具有能思索出很多可能的构想和答案的能力，并且思维流畅一体，有一定的跳跃而不失合理的过渡。

3. 变通力（flexibility）：是指意念或构想的多样化或多类别。具有变换思考的能力，能从多个不同的角度去思考同一个问题，能在进入思维的“死胡同”后勇于发现问题，退出“死胡同”，寻求和开拓新的解决途径。

4. 独创力（originality）：是指意念或构想的独特性。具有产生新奇、独特见解的能力。

5. 精进力（elaboration）：是一种补充概念，指锦上添花、精益求精的态度。具有能从原来的构想或基本观念上再加上新观点，增加有趣的细节和组成相关概念群的能力。

第二节　如何培养创意思维

创意思维的培养是一个循序渐进的过程，犹如热豆腐，心急是“吃”不来的。当一个幼童成长为成熟的个体，他逐渐适应社会，适应群体生活，他的思维一方面获取了社会规范的信息，具有一定的道德性，常规性，以保证他在社会里良好地生存，而另一方面，思维方式也将受到严重的制约和阻碍。人的惰性往往是一切成功的最大的障碍，随着年龄的增大，人们开始对事物麻木，

① 陈龙安．创造思考教学的理论与实践．台北：台北心理出版社有限公司，1998

信奉一个信条，然而摒弃了不断的思考。人们也在对社会百态的逐步宽容中，放弃了自身创造性的追求。因此，当我们重新审视创意思维，并力图重新激发和培养时，我们可能感觉困难重重，但是，遵循这样一个简单的途径，或许可以激发我们的创意性思维。

一、有理想和企图心

要做好任何一件事情，前提是有想法去做好这件事情。之所以创意者仅占人群总量中微乎其微的比例，主要因素可归结为，大部分人自甘当欣赏者。事情达成的前提是企图心，不要认为这是件坏事，更不要认为它等同于霸道和功利心，我们需要一定的探索和了解事物的冲动。所以，当一个人希望自己变得“有创意”时，可以先问问自己：“我想创造么，或者，我只想欣赏别人的创造?”

二、多看

在满足了“有理想、有企图心”后，尽可能地多接触新鲜事物是一项基础工作。多看是强调自主地、积极地接近自己感兴趣的事物，比如建筑、音乐、绘画、雕刻等。有一天，笔者看新闻知道韩国梦工场时下流行设计具有个性的 CD 封面，并已独立成为一个制造领域和一个门派，可见“兴趣”可以是广泛的，独到的，前所未有的，只要它是真正的兴趣。兴趣往往最能激发一个人的想像力和灵感，兴趣可以使人的行事效率倍增。一个人违背了兴趣去参与活动，去看待不喜欢的事物，将和行尸走肉般的机械运动没有区别。创意本身是偏向于感性感知的过程。

三、多观察并善于发现问题

对常规进行挑战的第一步，就是提问。专家说：“没有提问，就没有回答。一个好的提问比一个好的回答更有价值!”

但是，如何去发现问题?

首先，对一切保持好奇的心态很重要。美国著名的创意大师詹姆斯·韦伯·杨说：一个好的广告创意人应该“对太阳底下发生的一切事情感兴趣”。保持好奇心，像孩子那样，对一切事物都感到好奇。如果你能用孩童般的眼睛看这个世界，你就能再写一部《十万个为什么》。

其次，有一些方法可以使我们的感觉变得更加敏锐，譬如静坐，譬如经常接近大自然，散步，放松我们的神经，使我们的感官更易感，思维更灵敏。据说，万有引力的发现发生在牛顿散步时。

俗话说：近朱者赤，近墨者黑。我们还应该经常同善于发现问题的人在一起，学习他们如何发现问题。

四、具有灵活性

请看下图。①

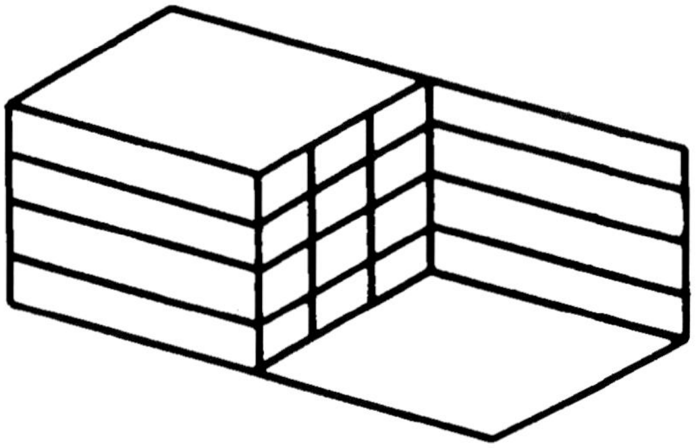

图 2-1

你是从上面往下看还是从下面往上看？

试着从另一个角度看。

努力迅速地更换自己看图的角度。有没有发觉自己头脑是如何挣扎？

从上面这个例子我们可以意识到，人要去除固有（先入为主）的概念是多么困难，必须付出相当大的努力才可以办得到。

灵活性还表现在跳出框框（Think outside the box），或进行逆向思考。

有一天，一个小男孩兴奋地告诉他的父亲：苹果的心是五角星！许多人和他的父亲一样，从来没想过将苹果横切一刀会是什么样。于是，人们便错过了发现五角星的机会。

有一则禅门公案说陆亘拜访普愿禅师，问了一个问题：有一个人养了一只鹅在瓶子里，后来这鹅慢慢长大，在瓶子里出不来了。主人既喜欢鹅又喜爱瓶子，他想尽办法也想不出既能使瓶子完好，又能使鹅好好活着的方法，这问题该怎么解决？普愿禅师听陆亘讲完后，大喊一声：陆大夫！陆亘一愣，答应了一下。普愿就说，鹅已经出来了。

有时我们为某件事冥思苦想，其实都是在原地打转，这个时候，惟有放

① ［美］查尔斯·W·麦科伊．我怎么没想到，北京：中信出版社，2002

弃，使自己“出离”，才能看清问题的实质，使问题得到解决。

五、激发和培养旺盛的好奇心

人们都说评判一个人真正步入老龄的标准就是好奇心的缺失。好奇心的满足是一切学习的根本动力。多问问“为什么”，不要担心显得无知和幼稚。

六、善于想像和联想

爱因斯坦说：“想像力比知识更重要，因为知识是有限的，而想像力概括着世界上的一切，推动着进步，并且是知识进化的源泉。严格地说，想像力是科学研究中的实在因素。”爱因斯坦把他的许多重大科学发现归因于他的想像游戏。他曾想像自己骑光束到达遥远的宇宙极端，又“不合逻辑”地回到太阳表面。这幅图像使他意识到，空间可能本来就是弯曲的。这个伟大的想像游戏，诞生了相对论和近代物理学。

事实上人们通常看到和接触到的事物都是零散的、不成体系的，甚至从常理看来缺乏一定的逻辑关联。因此，需要个人经常进行联想，从一个事物到另一个事物，从一个事情到一个人，从一个人到其所处的环境，从一个文化映射一种生活状态等。创意很多时候并不意味着创造出前所未有的东西，恰恰相反，大部分的创意是基于现成设计的基础，或者是相同元素的重新组合和变异。任何一个设计师都不可能在大脑空白的情况下进行创作，即便一个幼童，看到一个圆圈想起月亮，至少需要他知道月亮。想像和联想为积累提供了一个基本做法，也是基本创意的思考通法。

电影《黑暗中的舞者》中，女主角酷爱音乐，当她在嘈杂的车间干活的时候，那单调的机器声对她来说却可以变成美妙的音乐节奏。

通常，人们可以通过联想、空想、类推等方式来培养想像力。平时可以自己动手做一些小制作；可以跟小孩子一起玩耍，因为小孩子常有令人意想不到的奇思妙想。

七、开发右脑的形象思维能力

我们的经济和社会正在从以逻辑、线性以及类似计算机的能力为基础的信息时代（information age）向概念时代（conceptual age）转变，概念时代的经济和社会建立在创造性思维、共情能力和全局能力的基础之上。

在社会形态上，我们正从“需求社会”过渡到“丰裕社会”；在生存哲学上，从传统西方形而上学回归到东方审美主义，从理性主义回归到感性主义；在生产方式上，从数字化到体验化，从科技到情感；在生活方式上，则从效率到满足感，从功能到美感，从有用到娱乐，而这些，正是右脑之长。①

人脑的工作原理是将情景以模糊的图像存入右脑，其工作方法颇像一台录像机。思考过程则是左脑一边观察右脑所描绘的图像，一边把它符号化、语言化的过程，即左脑具有很强的工具性，它负责把右脑的形象思维转化为抽象的语言、符号。

我们所强调的创意能力或者说创造力是什么呢？它实际上是把头脑中那些被认为毫无关系的情报信息联结、联系起来的能力。这种并不关联的信息之间的距离越大，把它们联系起来思考就越新越奇。人的大脑是不能制造出信息的，所以创意能力是对已有信息的再加工过程。在这个过程中，如果右脑本身没有大量信息存贮，创造力自然无从谈起。创造性思维中的直觉、一闪之念起关键的作用，而这首先要求右脑直观的、综合的、形象的思维机能发挥作用，并且要求左脑很好地配合。因此，我们欲求不断有崭新的思想、设想、设计、构思产生，必然需要充分使用右脑。

爱因斯坦曾经说过："我思考问题时，不是用语言进行思考，而是用活动的跳跃的形象进行思考，当这种思考完成以后，我要花很大力气把它们转换成语言。"这充分说明了右脑的形象思维在进行创造性思考过程中的重要作用。

八、抓住直觉与顿悟

科学测定发现，当人在日常生活中清醒时，处于通常的意识状态，以左脑为主进行思维，此时大脑发出 β 波（14~30 赫兹）。而进入"入定"状态、半睡半醒、处于非常松弛又宁谧的状态，脑部发出 α 波（8~13 赫兹），这种状态称为"变异意识状态"。整个人的生理状态改变，心跳脉搏减速，呼吸轻柔，此时右脑摆脱左脑的长期控制，充分自由运作，个人潜能得以发挥。② 下面的两个例子可以说明，经过一段时间的苦苦思索后，人往往在放松的情况下，忽然出现了灵光一闪，即所谓的灵感和顿悟。

大陆漂移学说的创立者魏格纳，躺在病床上观察墙上的世界地图时突发奇想：大西洋两岸大陆轮廓的凸凹竟如此吻合，会不会原来就是一个整体呢？苯环的发现，也是化学家梦见蛇咬着尾巴跳舞，恍然大悟，构想出苯的环状结构，这是有机化学史上里程碑式的事件。

直觉思维可以创造性地发现新问题、提出新概念、新思想、新理论，是创

---

① 创领未来的新右派：右脑颠覆左脑．新周刊，2006-10-9. http://news.sina.com.cn/c/2006-10-09/175211191238. shtml

② 开发右脑，竞争制胜，http：//lefty. nease. net/kaifa/kaifa. htm#ruhe

造性思维的主要形式。

据说测定坐禅高僧的脑电波图后发现，脑波速度有所降低，处于一种接近睡眠的状态，但坐禅与睡觉有本质的差异，是一种清醒的无意识状态。近代一些企业家、政治家也尝试在繁忙的公务中坐禅，排除干扰，求得创意与心态平衡。美国职业篮球教练菲尔·杰克逊曾在1991~1993、1996~1998年率领芝加哥公牛队夺得6届NBA总冠军，这个骄人的成绩就得益于长期的坐禅习惯。

九、勇于跳出常规思维

变异产生的基础是超越了人们常规的思维方式，是勇于打破人们审美的传统。这需要比较开放的思想，传统的东西经常以“法则”、“规范”、“规矩”的形式展现出来，大多数人会因为他人的广泛认可而接受，不管是主动的还是被动的。创意者需要多问：为什么这两个东西非要牵连在一块？为什么红和绿的搭配在自然中显得协调而美观，在设计中却经常显得突兀而俗气？如果打破常规会发生什么呢，为什么不可以呢？然后进行变异的尝试，甚至有意识地对一些优秀作品进行分解重组的训练。

第三节　广告创意人才的素养

“创意是广告的灵魂”，伯恩巴克也说广告创意是“将广告赋予精神和生命”的环节，这样看来广告创意人才就是“广告灵魂的工程师”了。在广告业日益发展，竞争日趋激烈的今天，“广告业的核心竞争力是人才”的概念也获得了普遍的认同。那么广告创意人应该具有什么样的素养呢？

詹姆斯·韦伯·杨认为每一位真正有好创意的广告人士，通常具有两种显著的特性：“第一，天底下没有他不感兴趣的话题；第二，他广泛浏览各个门类的书籍。因为广告人和牛一样，不放牧就没有奶。”

台湾奥美广告公司总经理宋秩铭认为广告创作人才必须有：“敏锐的观察力、不凡的陈述力、聪明、具抽象力、想像力和活力”，再加上“对人感兴趣、对不同的人有极强的好奇心、常识、知识丰富、好学、对各种艺术形式感兴趣”。同时他还强调：“基本上，创作人才的创作资源来自于自己的生活经验，所以，他（她）必须是认真生活的人。”

一、知识素养

（一）专业知识

在理论知识方面不仅包括广告学的专业理论知识，如传播学、广告史以及广告策划流程的相关知识，也包括广告学基础理论，如广告心理学、广告美学以及广告法等知识。这是作为一个广告人应该最先具备的知识。同时，因为此处分析的是广告创意人的素养，所以在知识层面，除了作为一个广告人所必须具备的上述专业知识外，广告创意人才还应该对广告创意的相关理论和策略了然于胸。关于广告的创意和策略，本书将在后面章节详细介绍。

在技术知识方面，指广告创意人员应该对与广告有关的新工艺、新材料以及创意的制作技术有一个大概的了解，只有这样广告创意人员才能将广告创意较好地表现出来。一个好的创意，往往也是利用了材质的优势才得以更完美地呈现的。例如，一则治疗口气产品的公交车广告就利用了车尾部的排气口，排气口刚好就在张嘴的模特的口的位置，这个让人拍案叫绝的创意借用汽车的排气口对人口进行了替换，不仅生动地展示了口气问题，也给消费者留下了深刻的印象。

另外，创意和执行之间还有很长的一条路要走，很多创意在转为设计稿的时候没有什么问题，但在执行的时候因为技术限制或者预算限制根本无法完成。所以在创意成型要实现的时候也要估量执行因素，保证想得到的创意，要卖得出去也要做得出来。

（二）广博的社会文化知识

在《蔚蓝诡计》这本书中，乔治·露易斯有一段描写他的工作伙伴们“侃大山”的话题，从纽约尼克斯队、温室效应、笔迹学、南美文学、女性主义、金融界丑闻、艾滋病、二次世界大战、歌剧、南希·里根的占星术、黑泽明的电影、政治传闻等，天南地北，无所不包。

广告是一种文化现象。早在 1927 年，戈公振在《中国报学史》中就说过，“广告为商业发展之史乘，亦即文化进步之记录”。广告在追求商业目的的同时，还蕴藏着某种文化观念和文化价值，这些文化价值和文化观念一方面通过迎合受众的价值和文化观念，得到他们的认可从而使之自然地接受产品广告所宣传的理念，并最终采取购买行为；另一方面，它也对人起着潜移默化的教化作用。

现在，有关广告改变人们的消费理念，催生新的消费文化的分析和批判也时常见诸各种专业和非专业媒体。一方面，广告引爆的消费理念和文化的转变蕴藏着巨大的商机；另一方面，这也从侧面提示了广告在现代生活中对文化的深刻影响。

所以能否把握整个社会或者民族的文化特征和社会动向对一个广告创意人来讲就至关重要了。

首先，要对一个民族的历史和性格有较深了解。作为一个广告创意工作者应有对历史、文化习俗、宗教、艺术等知识系统，至少要有一个轮廓上的把握和大致了解。只有这样广告创意人在放飞“创意的风筝”时才不会天马行空，而是在手中牢牢地把握住原则和守住“底线”。这样，像立邦漆“盘龙滑落”及耐克“恐惧斗室”等事件就不会发生了。因为众所周知，“龙”是中国的图腾，也是被大多数中国人（包括海外华人）认同的，凝结着中华民族传统文化精神，并体现国家尊严和民族利益的形象、符号或风俗习惯的“中国元素”。敢如此不尊重受众文化习惯的广告肯定只能是以迅速被叫停而草草收场。而可口可乐的阿福贺新春广告，则通过融合中国的“生肖”、“过年”、“中国红”、“贺新春”等文化元素展现了一个中国老百姓心目中的热闹喜庆“中国年”。在获得商业上的成功的同时，它也成为了舶来品广告本土化的优秀范例。

其次，要留意社会动向和热门话题，让最新的社会问题、消费动向、审美潮流、新要素和创意碰撞出“智慧的火花”。这方面，在央视现场报道伊拉克战争期间，播放的“少一点摩擦，多一点润滑”的润滑油广告不能不说是一个经典之作。在受到业界的好评的同时，“统一润滑油”这一品牌也随着“少一点摩擦，多一点润滑”走进千家万户，被数以亿计的热爱和平的中国人民所熟知。

另外，因为行业性质，广告人需要与各行各业打交道，广告创意人需要对各行各业的相关知识有个大致的了解。这也是产生一个好的广告创意需要做的第一步工作。

虽然有时候好像只是灵光一闪，一个好的点子就瞬间诞生。但事实上，创意虽然是以“灵感”的面貌出现，却不是凭空产生的，而是来自于过去的专业和非专业知识的长期累积和酝酿。这个酝酿的过程，就是所谓的“创意魔岛理论”①：在古时候的水手传说中，明明根据航海图，某块海域应该是一片汪洋，却突然冒出一个环状的海岛。原来，这些魔岛是无数珊瑚经年累月成长，最后一刻才冒出海面的。

二、认知能力

有人说创意就是综合运用各种天赋能力和专业技术，从现有的资源中求得新概念、新做法、新样式的过程，而且实际上百分之九十九的广告创意都是由改良现成的创意素材而成。也有人说创意指的是一种扩散性的思考方式，可以

---

① 你也能当创意高手，罗梅英，http：//www.e800.com.cn/articles/437/1105697562297.html

运用在任何领域。这样，创意问题的核心就集中在思维和认知的方式上了。

与创意思维直接相关的主要有发散性也称为扩散性思维（divergent thinking）、直觉思维、形象思维等。关于创意思维的培养在上一节内容已有详细介绍。

三、人格因素

中央电视台广告部主任郭振玺先生说：广告和创意这个行当，很特别，对于人的体力和脑力有着很高的要求，要想做出一番成绩，就得像是特殊材料做的一样。特殊材料的一条基本要求，就是要持续保持火热的激情，如此，才能在这个行当拼出一番作为。但是激情的人很辛苦，创意人很辛苦。对此广告界知名的纪文凤小姐说过："个人认为要做一个成功的广告人，最要紧的就是信念与投入（conviction and dedication）。你一定要对广告感兴趣，才能全心全意投入，发挥出任劳任怨，勇于负责的精神。"只有这样才能创作出"小聪明与大智慧的结合，小视角与大背景的结合，平常生活与非常事件的结合，冲击性强的画面与冲击性强的文字的结合"的优秀广告。（凤凰卫视高级策划、著名文化学者王鲁湘语）

同时，因为创意是一门"没有最好，只有更好"的工作，而且"做创意"本质上是一项"取悦"观众的活，创意并不是为了创意而创意。美国创意教育协会（Creative Education Foundation）在定义"创意"时特别强调"解决问题的实用性"，也就是说：创意必须有目的、有实际贡献，才称得上是好创意。这样，创意的主体和客体都给予了它许多的限制，因此有人说广告创意是"戴着镣铐跳舞"。于是在很多时候，创意人就不可避免地面临自我和别人的否定。有人说，创意人最痛楚的是好不容易想到绝妙的点子，却发现不符合策略或有违品牌的特性，而被迫放弃。在如此种种情况下，广告创意人就需要强健的神经和执着的精神，另一方面也要有豁达的态度。

另外，较为业界所普遍认同的创意人的特质是：不安于现状，有强烈的好奇心，并且总想尝试新的可能性，冒险性格浓厚，愿意挑战未知、困难度高的事物。因为一般而言，人是惯性的动物，如果心态抗拒改变，或者只想要保持眼前舒适顺畅的生活，或者觉得"大家都是这样做的"、"我做这一行以来，从没听说过这种事……"，那么，创意萌芽的机会就会几近于零。

思考与练习

1. 列举自己曾经做过的最有创意的两件事。
2. 你觉得个人创意的障碍有哪些？如何去克服？

3. 你认为创意思维具有哪些特征？

附录1:德国著名广告代理商 Springer & Jacoby 的文案考试

1. 创作一则广告：

市面上充斥的烂广告，找出任何一则让你受不了的广告，简单写下你认为他们其实想要说的东西。然后根据这个中心思想创作出一则全新的好广告。

2. 长文案

好文案就是要能在即使最不可能的主题上写出让人信服的文字。而这正是S+J 所要找的人。因此，请在下面两个主题中选择一项，并创作一则长文案广告。

① 为什么现在还有必要买《最新仪态指南》？

② 为什么每个人一生中至少应该出轨一次？

3. 宣称

找出一则宣称——也就是先前叫作标语的东西——描述你母亲。

4. 广播广告

S+J 的公益服务客户希望刊播一则帮母亲写的非常有说服力的广告。怎么写随便你。

5. 标题

原图是一个乞丐拿着空白的标语牌。你的任务是帮助这个乞丐，替他想想他的标语牌上要写什么。

6. 促销

小礼物有助于增进既有消费者的忠诚度，并赢得新消费者。替某比特犬主协会想一个小型的促销点子——不要太贵。

7. 电视广告

大家都知道，大家都讨厌的——卫生棉广告。相信你一定能做出更好的。写一则能让其他所有卫生棉广告觉得羞耻的 30 秒卫生棉电视广告。

8. Springer & Jacoby 的广告

为 Springer & Jacoby 的客户可口可乐想一则 30 秒电视广告。不必做出整支广告。只要把点子用几句话描述出来即可。广告的宣称是“Try something new-and Coke at 3℃.”（试试新鲜事——和 3 度的可口可乐。）

9. 自选广告

你在最近看过的广告中一定有最喜欢的。为你喜欢的广告创作一则最新的系列广告。（平面、广播、电视广告均可）

10. 网络广告

肉肠制造商 Meica（广告词是“Meica sausages are the real thing!”——Meica 肉肠才是真东西!）想要在下列两个网站 www. playboy. de 和 www. tofu. de 刊登肉肠广告。想出为这两个网站制作的好笑而生动的肉肠广告文案。

11. 最大的挑战：寂寞芳心广告

感谢作答者对于想和 S+J 建立长远关系的付出。现在到了 S+J 搞清楚自己的对象的时候了。为你自己作一则广告吧——任何形式都可以。

附录 2：智威汤逊 JWT 广告公司文案考试考题

JWT 在 1984 年刊登了这则文案考试，有几千人应考，而其中 10 人得到了在 JWT 当文案的工作。广告中说这些人还成为了“这一行最高的创意明星”。

现在，JWT 再次为具有才华的人提供成为文案的机会。免经验，只要用有才气和想像力的方式解决下面的八个问题：

1. 你是排行榜红星“鸦片浆”的歌词创作人。她最近才有了三首歌都成为排行榜首，而且全是情歌。“鸦片浆”希望她的下一首歌要跟冷掉的披萨、发酸的奶油、和走气的啤酒有关。她的经纪人认为这首歌也该是情歌。你的歌词应当两个要求都作到。(别担心音乐，找一首现成歌曲的曲调参考也行。)

2. 写一段“暗巷对话”(不要超过 200 字)

3. 交通局刚否决了市区出租车调涨车资的要求。出租车驾驶员展开罢工，把车子停在十字路口的正中，让整个交通停顿下来了。这正是你这位记者新人的大好机会。写一个大标，和一则 500 字以内的故事。

4. 火星人代表团刚刚在中央公园着陆。他们对地球上任何语言都不了解，只懂得非常基本的符号。用图片和符号拟一份演说，欢迎他们并向他们解释中央公园是什么样的地方。(请附上一份普通话说明，免得我们会错意!)

5. 你是位口袋书作者。请用 100 字以内描述美国的历史。(参考出考题的人，请自行改为任何你选择的国名。)

6. 你听说过有人因为把冰箱卖给爱斯基摩人而赚了大钱的故事。你能否用不到 100 个字把电话机卖给正恪守静默教规的特拉普会修士？(不过他可以在最后点头成交。)

7. 设计（或画）两张海报。一则推广立法严控枪械，另一则为全美来复枪组织制作。

8. 为某受欢迎的全国性电视节目写一个广告，让该节目读者每人都寄一角钱来。

第三章 广告大师的创意哲学

第一节 中西方广告大师的经典创意哲学

一、注重品牌形象的大卫·奥格威（David Ogilvy 1911~1999）

奥格威是奥美（Ogilvy & Mather）广告公司创始人之一，同时他也著书立说，提供自己广告公司经营管理的经验，对广告业整体形象的提升有卓著贡献，有“广告界的教皇”之称。

作为一位杰出的广告创意人，奥格威认为一个好的品牌是公司的巨大资产，必须全力维护。在产品趋向同质化的今天，消费者对商品难分伯仲，形象突出的品牌自然使人另眼相看。

奥格威给我们留下许多清晰可见的产品品牌形象，最著名的莫过于他为“Hathaway”衬衫所塑造的“独眼龙”形象。在当时，该品牌已有116年的历史，但却名不见经传，很少有人知道这个品牌。当时它的广告预算只有3万美元，而奥格威为其塑造的“独眼龙”形象令其几乎在一夜之间成了名牌货，销售业绩日新月异。

奥格威接受波多黎各政府为其广告客户时，他发现波多黎各旅游业最大的障碍就是它给人以肮脏、贫穷、加勒比海地区中最凄惨的岛国的印象。为了消除人们的这种不良印象，他将波国美丽、真实的情况以照片形式刊登于广告之中，旅游业收入自此大幅度上升。

奥格威很善于利用名人作广告，借以提升品牌的身份。他曾说服伊丽莎白女王和邱吉尔为“来英国观光”作广告，罗斯福总统夫人为“鸿运”牌人造奶油作广告以及一连串的美国名人为《读者文摘》作广告。但奥格威后来也提醒大家利用名人作广告时，应该注意商品与名人之间要有内在的联结，否则，容易让人记住名人却忽略了产品，本末倒置。

奥格威无疑是个富于创造性的人，同时他也非常注重调查研究。他曾说广告人忽视研究就如同将军忽视敌方讯号一样危险。从多方面的调查研究中，他总结出以下 11 条广告创作原则：

1. “说什么”比“如何说”更为重要。广告要有实际的利益承诺，否则任何形式都是空架子。

2. 除非有不凡的创意（great idea），否则广告运动只能以失败告终。

3. 告诉消费者事实。

消费者是非常精明的，他们不会因为一两句动人的口号就去购买你的产品。他们需要你所能给予的全部资料。

4. 你不可能强迫人们购买。

我们只能做出让人们想看的广告，继而慢慢影响之。

图 3-1 “Hathaway”衬衫中的“独眼龙”形象
（图片来源：《奥格威谈广告》P59，
机械工业出版社，2003）

5. 必须有良好的态度但决不当小丑。

6. 让你的广告与时代同步。

7. 广告评审委员会可以评判广告，但他们不懂创作。

8. 如果你有幸写出一个好广告，反复使用它，直到它再也没有销售力为止。

9. 千万不要做出一个连你自己家里人都不愿看的广告。

10. 注重品牌形象。

11. 不要做“文抄公”。

其代表作：

- “Hathaway”衬衫 F 中的“独眼龙”形象（见图 3-1）。
- 劳斯莱斯车著名的超长广告标题：“在时速 60 英里的新劳斯莱斯车里你能听到的最大声音来自电子钟”（见图3-2）

图 3-2　劳斯莱斯车著名的超长广告标题

（图片来源：《奥格威谈广告》P10，机械工业出版社，2003）

二、形式与内容并重的比尔·伯恩巴克（Bill Bernbach 1911~1982）

比尔·伯恩巴克所创立的 DDB（Doyle Dane Bernbach，多伊尔·戴恩·伯恩巴克广告公司，总部在纽约，国内称之为恒美）广告公司以其众多杰出的反传统广告而著称于世。与大卫·奥格威不同的是，伯恩巴克认为：广告执行（executive）本身也是内容，它与内容同等重要。

他所注重的广告执行包含以下特性：

1. 从不轻视受众，从不低估受众的智力。

广告力求真实，避免夸大、陈词滥调和过分的重复。

2. 广告力求简洁、直接。

他强调广告文字须简洁，贵精不贵多，以最经济和最有创意的方式吸引人们的注意力，然后使其具有销售力。

3. 广告须与众不同，须有自己的特色。

他认为人们买杂志、看电视并不是为了看你的自说自话。如果广告没有新意、独创性和想像力，没有人会有兴趣。

4. 采用幽默的广告形式。

因为广告常常打断人们连续阅读或欣赏节目，因此从某种意义上说，幽默的广告是一种娱乐受众的补偿方式。

比尔轻视调查，认为调查将导致广告个性的丧失，而同竞争对手的广告相差无几。

比尔的经典之作包括 Avis 出租车公司的“我们是老二，我们会更努力”(见图3-3) 以及一系列的 Vo1kswagan 微型轿车广告。特别是后者创立了比尔的广告创作方法——以退为进，不怕自揭疮疤。

在 DDB 公司为 Avis 作广告之前，Avis 公司与行业中占据第一位的 Hertz 公司相差一大截，而“我们是老二，我们会更努力”的广告出来之后，以其诚恳与坦白赢得了顾客锄强扶弱之心，再加上 Avis 确实改善了它的服务质量，其业务于是蒸蒸日上。迫于压力，Hertz 公司只好奋起反击，而这正好说明 Hertz 承认 Avis 是其强大的对手。这场广告运动取得了很大成功，Avis 与 Hertz 的距离缩小了许多，而其他对手则远远地落在后头。

图 3-3　Avis 公司广告：“我们是老二，我们会更努力”

国内的蒙牛集团在发展的初期，所采用的广告形式实为 Avis 广告的翻版。当时，国内销售业绩最好的乳制品企业为伊利集团，蒙牛打出了“向伊利学习，做内蒙古第二品牌”的口号，这样做之所以产生巨大的广告效应，在于两个方面：①让人感觉到新品牌谦虚、严谨的品牌形象和品牌态度，从而拉近了和消费者的距离；②利用名牌，抬高别人也抬高自己，品牌提升不费吹灰之力。我们来看看蒙牛取得的成绩。1999 年蒙牛营业额是伊利的 1/30，2000 年是 1/5，2001 年是 1/3，2003 年是 1/2，2005 蒙牛预计营业额达 100 亿元，几乎与行业老大伊利并驾齐驱。

在 Volkswagan 的系列广告中，比尔以其首创的反传统的自嘲口吻引出微型轿车的优点，一改汽车广告平铺直叙的常规，采用以车为主体的大幅照片以及语惊四座的大胆标题，引发人们的好奇心，进而阅读广告正文。

有一则广告是在泄了气的车胎图片下，标题为“谁也不会十全十美。”（Nobody’s Perfect）在此标题下，正文中列举微型轿车的种种优点。

另一广告在一辆微型轿车的图片下，标题竟是“次品”（lemon），如图 3-4所示，而正文则是写厂家对每一辆车的品质严加控制，稍有瑕疵，则被列为次品，不得出厂。

图 3-4　广告：次品

（图片来源：《奥格威谈广告》P73，机械工业出版社，2003）

还有一则广告中，车只占一小部分而留下大片空白。标题是“从小处想想”（Think small），如图3-5所示，正文中罗列微型轿车的种种好处。

这些创意脱俗的广告取得了立竿见影的效果。Volkswagan 在美国的销量急剧上升，打破了美国人对小型汽车的成见，而这些广告佳作的阅读率竟比报纸的新闻或文章还高，成为人们茶余饭后的时尚谈资，并为 DDB 公司赢得无数创作大奖及新客户。

图 3-5　广告：从小处想想

（图片来源：《奥格威谈广告》P13，机械工业出版社，2003）

三、USP 的倡导者罗沙·理夫斯（Rosser Reeves 1910～1984）

罗沙·理夫斯认为广告最重要的目的是创造销售，而不是美感。他对那些文笔华丽、机智、温馨的广告文稿嗤之以鼻，认为只会分散目标受众对广告信息的注意力。

他的创作原则是“纯理性、非感性”，以能否影响销售业绩来衡量广告的效果。

罗沙提出建立每个产品自己的“独特的销售主张”［USP，unique selling point］①，该理论在营销和广告界得到广泛重视和应用。

罗沙最为成功的例子是为“M&M’s”朱古力所做的“只溶在口，不溶于手”及为“高露洁”（colgate）牙膏所作的“高露洁洁白你的牙齿，令你口气清新”。

罗沙非常注重调查研究。为了证明用“棕榄”香皂洗脸 1 分钟就可以使皮肤更娇嫩，广告公司和广告客户花了 30 万美元进行实验。经过调查研究得出的结论使得广告的 USP 更加令人信服，当然更能经得起联邦贸易委员会的质询。

一旦一个产品的 USP 确立之后，罗沙会一直沿用下去。当然许多客户不能理解这种做法。有一位客户曾问道：“你手下有 700 人之多，而你在过去的 11 年间却一直用同一个广告为我进行广告宣传，你作何解释?”罗沙回答他：“我手下这些人的存在就是为了阻止你更换广告。”罗沙认为一个好的广告应该不断重复，才能持续地给受众留下深刻印象。

四、朴实、平易的李奥·贝纳（Leo Burnett 1892~1971）

李奥·贝纳公司与其他位于纽约的大型广告公司不同的是它坐落于芝加哥。也许这就是李奥·贝纳的作风较平易近人且朴实无华的原因。他爱用平凡的普通人来增加亲切感，令人易于接受。其实这主要是由于李奥·贝纳的成名作品多为大众化商品如食品、香烟等，所以宜用较温馨和富于人情味的表现手法。

李奥·贝纳的创作态度从他说过的三句话中略见一斑：

1. 每一种产品都有其固有的戏剧性，我们的主要任务就是发掘它并加以利用。

2. 当你伸手去摘星，你不一定能如愿，但至少你不会弄得满手污泥。

3. 埋首于你的主题，拼命地工作，并对你的预感加以爱护，以它为荣，并且时时服从。

他为创作人员制定极高的标准，并将这个标准透过创作评审委员会来执

① 参见第四章第二节。

行。一项工作他通常会指定几组人员去做，好让他们彼此竞争。

李奥·贝纳的不朽之作是“万宝路”香烟中的牛仔形象（如图3-6所示）。他使一个默默无名的牌子变成世界最畅销的香烟品牌。如今单单这个品牌就值三百多亿美元。该广告创意经久不衰，沿用至今。

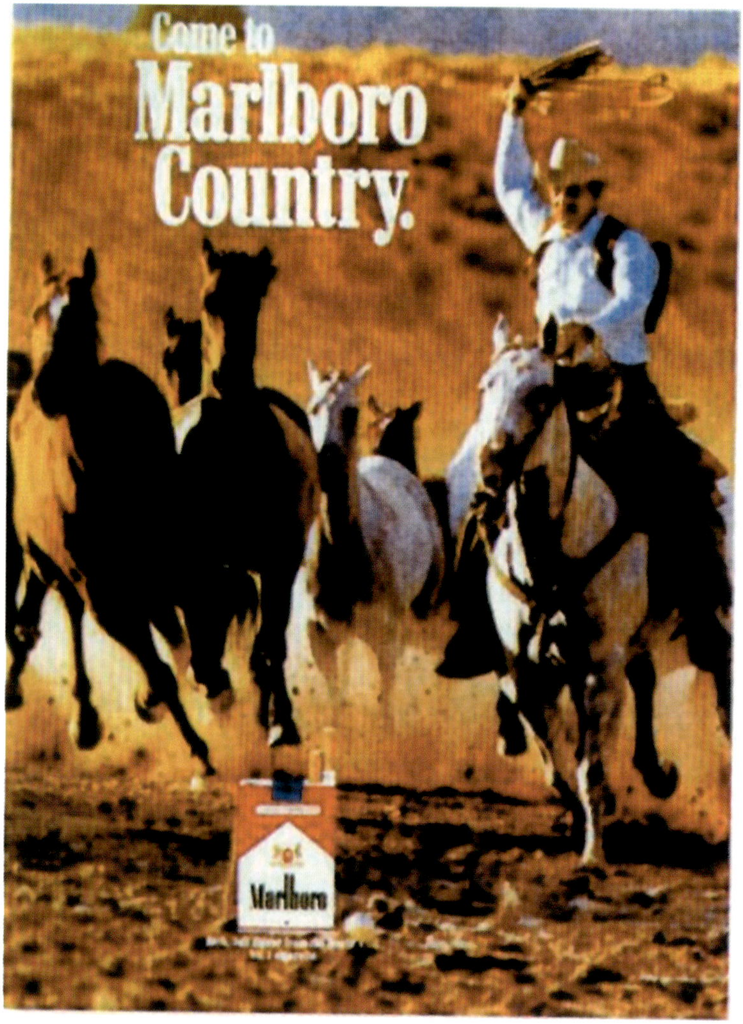

图 3-6

第二节 当今世界级创意人简介

一、尼尔·弗伦奇（Neil French）

曾任奥美全球执行创意总监。他是充满传奇色彩的广告大师。弗伦奇始终坚持这样的创作理念：不做大家都在做的事，喜欢利用长的文案给受众传递必要的信息，喜欢在创意的路上走得极远。

(一) 尼尔·弗伦奇的观点

➤ 关于态度：

——什么都不怕。

——找到不同或比较大胆的方式，不接受现成的答案，努力尝试不同的方式。

——做别人不做的事，不管别人做什么，就做点别的。

➤ 关于报纸广告：

——现在的报纸广告忘却了报纸的本质，制作、摄影的技巧取代了概念。真正好的概念只能偶尔一见。报纸也是一样，本来应该放新闻的地方被拿来放广告，所以每个广告应该要提供给阅读受众一些什么，长文案往往可以做到。

➤ 关于媒体：

——多加思考媒体的本质，从而使广告的存在和所刊播的媒体建立关联。

➤ 关于广告工作本身：

——对一个公司最重要的永远是质量最好的产品。

——广告人员的工作是为客户做出好广告。业务人员应该了解他们的工作就是卖广告，而不是成为什么专家。

➤ 关于信息传递和策略过程：

——创意人现在经常得到太多混淆的信息，比如研究报告、业务人员告知的客户需求。而其实只要一点点客户对整体情况检讨的信息，一点点消费者的信息，信息不用太多，然后走得远远的。这是创作最佳广告最好的方法。

——策略只是地图。你可以用一样的策略，带领消费者到达同样的点，你还可以说，我要消费者有段刺激有趣的旅程，因为我要他们念念不忘，我不要消费者只是说：好，到了。

众所喜闻乐见的形式。他认为，全球创意需要的永远都是最低标准的创意。能够同时在印度、日本、斯里兰卡、杜拜、美国和全球各地使用的创意是没有挑战性的。这使得创作与当地市场相关的广告的机会也微乎其微。事实上全球创意正好说明了这些创意人员对全球没有什么了解。相反，跨国公司应该个别观察市场的特色，观察品牌的核心价值。比如，Dove 香皂的核心价值就是含有四分之一的乳霜，至于怎么表达这一点，就该留给这些国家自己去决定。创意人员必须把空间、自由度留出来，以在本土能表达得最好的方式，以对阅听受众最相关的方式表达这一全球概念。

- 认真对待传播与沟通这件事，不要把自己看得太认真。
- 对广告没有热情的人，不管是过去还是现在，都一样做不出好广告。
- 让所花下去的钱产生最大的价值。

（二）皮亚什·潘迪的代表作品

1. “二手烟是杀手”（见图3-8）

该广告是为癌症患者援助协会设计的广告，在 2002 年伦敦广告节上两次获得全场大奖。它采用了广大受众耳熟能详的万宝路牛仔形象，画面中并未出现一根香烟的形象，但牛仔和倒在地上的马，以及一句简单的文案就足以说明一切：由于牛仔酷爱抽烟，他骑的马由于吸入过多二手烟而倒地身亡。马尚且如此，人呢？其表现手法夸张幽默，利用人们脑海里原有的对牛仔和香烟的联系进行重新整合，把原有的元素通过一种反向异变，从而成为一个全新的创意，手法轻巧，涵义通俗，让人在会心一笑中对吸烟的危害性一目了然。

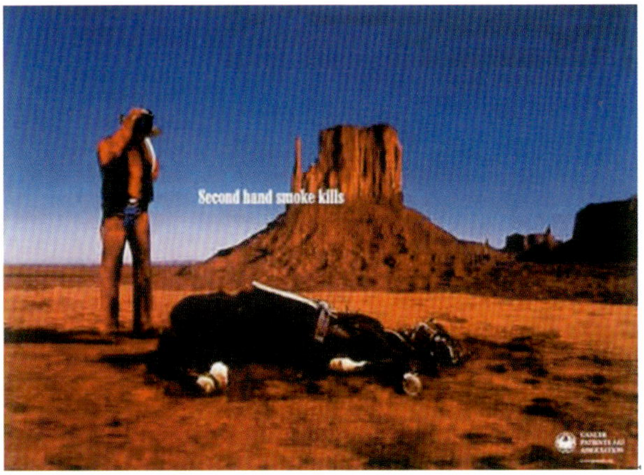

图 3-8　广告：二手烟是杀手

该作品传达了这样的含义：为了你和身边朋友的健康，请勿吸烟，要知道“二手烟会杀人哦”。

2. “Fevicol 胶水的粘合力可见一斑”（见图3-9）

图 3-9 广告：Fevicol 胶水的粘合力可见一斑

本该落叶的季节里，为什么有棵郁郁葱葱的树？牌子上写着，哦，原来是这样！Fevicol 胶水的超强粘合力使叶子都粘在树上了！

第三节 优秀华文广告创意人简介

一、劳双恩

中国香港人，现任智威汤逊东北亚区执行创意总监。曾任多届中国广告节评委，担任时报世界华文广告奖、时报亚太广告奖、龙玺广告奖、克里奥奖、戛纳广告节、AdFest 亚太广告节、媒介亚洲广告奖等多项广告奖评委。其为戴比尔斯做的广告语“钻石恒久远，一颗永流传”已成为业界经典。

（一）劳双恩的创作理念

- 做广告必须像“恋爱”，一定要对它有感觉，一定要热爱它，关心它。
- 广告行业是变化比较多的。一方面，我们要拥有一些特定的技能，同时也要有一定的经验。
- 创意也需要自律，要有责任感，生活规律的人照样能够产生火花、点子、创意。

- 广告人如果自己的生活过得不够丰富，没有足够的感受，对生活的领悟、认知不够丰富，是很难做出像样的创意的。
- 不可以自满。虽然有的人做出过很好的作品，站在事业的巅峰，但必须要每一天都鞭挞自己，要鼓励自己往前，不能停，因为总有一天会站在淘汰的边缘，所以一定要头脑清醒。
- 必须要有团队的精神。作品效果的好与坏，比个人的任何荣誉、个人的任何事情都要重要。所以，要把最重要的事情放在最重要的位置，不论一个人是在哪个岗位，这个人一定要以一个团队的精神为主，团队的终极目标要以能否对客户的产品起到拉动销售的作用为主。
- 中国广告一定要避免地域局限，避免文字游戏。要抓住世界性的语言，对人性、家庭、社会、对人生的向往多做关注，要对人类的共同语言多做关注。

（二）劳双恩的代表作品

耐克、戴比尔斯钻石、联合利华、百事、西门子手机、恒生银行、韩国正官庄高丽参、开利空调、松下电器、健力士、菲利普以及维他奶。

图3-10中，玫瑰变成干花，芭蕉叶子干枯的痕迹，葡萄变成葡萄干，强调了该品牌卫生巾超强的吸水能力。

图 3-10　苏菲：吸收力就这么强

二、靳埭强

著名平面设计师，靳与刘设计顾问公司总监。曾在香港及海外设计竞赛中，获奖三百多项，包括纽约创作历年展优异奖、美国CA传艺优异奖、洛杉矶世界艺术比赛金奖、英国刚古纸机构形象设计金奖、香港市政局设计大奖全场冠军。作品经常在海外各地展出，获国际权威设计刊物刊载，并被选为世界和平设计师百杰之一。靳埭强在平面设计界是当之无愧的大师级人物，在20世纪80年代初设计的中国银行的行徽至今仍然被视为典范。

（一）靳埭强的创作理念

- 成功的企业必须要有良好的品牌形象，而作为设计师，则必须了解企业的这些特点，了解企业的本质，确定企业的文化，塑造企业的真形象。
- 设计不单是企业促销的工具，更重要的是为企业塑造形象，准确地传达企业的文化精神。设计一方面发挥其商业功能，达到应有的市场效应；另一方面又能蕴涵比较深厚的文化素质，为企业建立一个正面的视觉形象。
- 设计要了解市场，一个好的设计师不仅应该掌握现代的设计语言，还应具备市场分析能力，对市场有敏锐的触觉，为产品进行市场定位，这样才能创造出出类拔萃的品牌形象。
- 设计师要有触觉，带领潮流，更要追求内在的文化素质。
- 生活是创意的来源。
- 漂亮的设计并不一定是好的设计，最好的设计是那些适合企业、适合产品的设计。

另外，靳埭强主张把中国传统文化的精髓，融入西方现代设计的理念中去。他强调这种相融并不是简单相加，而是在对中国文化深刻理解基础上的融合。创作灵感主要来自平常生活中的发现。靳埭强说：“我不是天生的设计师，只是自然地从生活中培养潜能。热爱生活帮助我领悟宝贵的人生观，同时给予我神妙的创作动力。”靳埭强认为设计是为他人度身订做，“做裁缝是注重为他人度身订做一套衣服，是要别人穿起来舒适，看起来美观，又合他的心意。这套观念是一个设计师亦须要有的。你要为别人——消费者或者委托人去创作一件设计品，要满足他，而不是为了自己而做。正如裁缝做的衣裳须要适合别人的身材，不是做来自己穿。我很容易明白这套观念，我不会好似一个艺术家只是自持有艺术气质而去设计，我会为委托人度身订做一件适身合体的设计”。

（二）靳埭强的代表作

1. 中国银行标志（见图3-11）

整体简洁流畅，极富时代感，标志内又包含了中国古钱形象，暗合天圆地方之意。而古钱中间的孔方又幻化成一个巧妙的“中”字，凸显中国银行的招牌。这个标志可谓是靳埭强融贯东西方理念的经典之作。

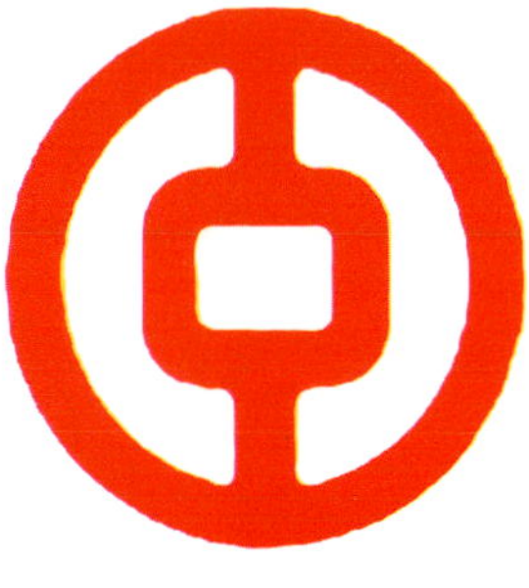

图 3-11　中国银行标志

2. 第四届深圳国际水墨画双年展中（图3-12）

图 3-12　只缘“心”在此山中

以中国水墨的形式出现，字形似有似无，利用水墨天然的发散性制造禅悟般的缥缈境界，极好地传达了水墨中书画同源、天人合一的儒学概念。中间的红点如同红日，如同明心一点，如同在水墨的山水中参禅顿悟的瞬间，灵光一闪，醒目但不夺主，突出然而制衡——这正是靳埭强设计中著名的“一点红”。

3. 2003 深圳反战海报艺术展（图3-13）

图 3-13　爱与和平

作品简洁醒目，承接色彩对比与字体对比，将两个单词里的“V”、“A”以红色手绘桃心替换，红色可以想像成火红的爱心，也可想像为换来和平的鲜血，布局活跃奇巧，大块留白使作品富有张力，简单中彰显大气。

三、莫康孙

莫康孙是麦肯·光明北京办公室的总经理，是纽约广告节的常驻理事、中国广告协会的学术顾问。他曾获荣誉：英国皇家美术学会最高荣誉绘画证书、中国全广展、《广州日报》奖、创意无限、龙玺华文奖等。先后担任戛纳、克里奥、纽约广告节、香港 MEDIA & MARKETING、台湾中国时报、中国全广展的评委及 CCTV《AD》盛典广告大赛的评委会主席，同时他也是龙玺环球华文广告奖的发起人之一。

(一) 莫康孙的创作理念

- 强调创作手法的运用，认为好的创意必须有好的表现手法。
- 广告创意应该是结合商业性行为以及艺术性操作的产品。“广告创意是以科学为始点，艺术为终点。”
- 生活体验与有博而专的知识，可以让广告人的创意具有独到的原创性（专），以及打动消费者的策略性（博）。
- 创意就是旧元素的新组合。
- 创意的两个法则：一是想法（idea），二是手法（execution），两者缺一不可。
- 优秀的广告，就是要有优秀的创意。好的创意有三个基本元素：简单、震撼和超越。
- 广告片的实质是直接面对消费者的商品。
- 广告是创作给观众看的,而不是给评审看的,也不是专门拿来得奖的。

(二) 莫康孙的代表作品

雀巢、摩托罗拉、强生、费列罗、联合利华、吉列、可口可乐、李维斯牛仔裤、百加得朗姆酒、朗讯科技、安捷伦、万事达卡、UPS、欧莱雅、美宝莲、通用磨坊、高露洁、奥林巴斯、西门子、微软、北京晚报，中国电信，中央电视台，猫人内衣、李宁运动服，科龙空调以及平安保险等。

四、孙大伟

台湾著名广告创意人，现任辽太国际股份有限公司执行顾问、上海伟太广告总裁。1991~1998 年曾担任时报亚太广告奖项评审、1999 年时报世界华文广告奖评审、1998 年泰国 Asia Pacific 广告奖评审、1999 年中国香港龙玺广告奖评审、2000年时报世界华文广告奖评审，曾三度应邀赴新加坡、二度赴中国香港担任4A广告奖评审。孙大伟在广告业的成就辉煌，被誉为“广告教父”。他点子多、创意妙、观点犀利，分析世局不只论当下，而是纵谈几十年，娓娓道来，同时举例、形容，恰到好处。

（一）孙大伟的创作理念

- 注重品牌的培养和保护，主张通过一系列变化的广告形式去表现一个不变的品牌内核。对于广告创意更重视创意的执行，尊重消费者。
- 永远不跟随他人，他认为：“跟随他人更不堪”。
- 要成功就要冒险。
- 创意是为使用说服而达到的手段。
- 广告创意，大家都差不多，只拼在执行。目前的广告更多的是在执行层面的竞争，目前原创的东西并不多，执行的比重越来越重。
- 技术层面的竞争会最终转化为态度与价值观的竞争，这两者是制胜的要素。
- 广告要使推销进入人们的内心。
- 只有能在2~3秒钟内吸引住读者目光的广告，才是好的报纸广告。
- 一个成熟的品牌，应该表现出无论换了哪个广告公司，更换了哪些人员，品牌本身的个性不变。
- 作为广告，没有标准可言，在品牌的表现中，应该充分尊重客户、尊重品牌。
- 创意的本质就是改变：一是排斥改变，二是寻求改变。
- 创意是对游戏规则的冒犯，可是又分为两种：一种是真正的强人，他能够比规则更强大，所以他没有真正的规则，能够超越现在的规则；另一种是无知的人，他不知道什么是规则，也不知道如何超越规则。
- 不能轻视消费者，他们都是亲人。

（二）孙大伟的代表作品

《孙大伟的异想世界》、味丹的矿泉水品牌——多喝水、裕隆March汽车广告、MTV音乐台《好屌篇》、《乩童篇》、马英九竞选广告《马之内在》，等等。

1. 裕隆March之“March不断进化，现在开始说话！”（见图3-14）

平面广告以冷色为主，配合March车新增的语言示警功能，将一个时尚俏皮的短发女子的嘴唇化成红色的March汽车形状。在冷艳内敛的绿色背景下，跳跃的红色在第一时间跃入眼帘，十分醒目，而女郎俏皮的形象和嘴上性感天真的March状口红把March的性格传达得淋漓尽致。

2. 裕隆March之“现在买March，火候刚刚好。”（见图3-15）

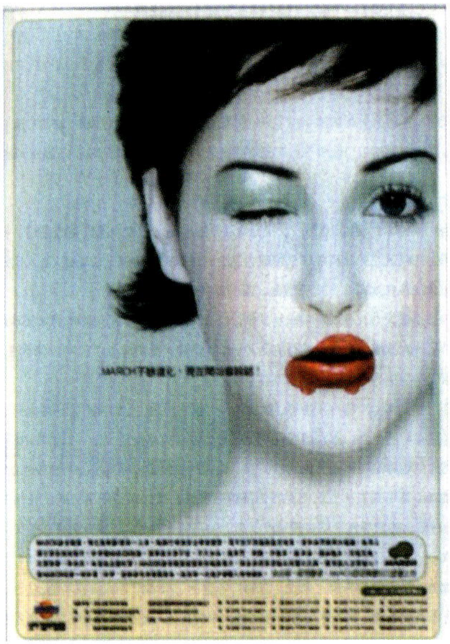

图 3-14

图 3-15

看看上面的广告，乍看是早餐桌上香喷喷的煎鸡蛋嘛！白色和金黄的组合，的确很漂亮。但是细心的人会发现蛋的形状——March 汽车！再看看文案："现在买 March，火候刚刚好！头款 3 万 8，低利 3. 8，鲜嫩可口，正是时候！"利用要传达的信息和食物之间存在的关联，充满幸福趣味的创意由此而发。

3. 马英九竞选广告："马之内在"（见图3-16）

图 3-16

五、许舜英

台湾意识形态广告公司总经理、执行创意总监。她的作品屡获龙玺大奖、中国时报华文广告奖、台湾自由创意2000、亚太广告节大奖。其“后现代主义”风格的广告，为华语广告开辟出新的天地。许氏创意表现特征主要是人物、构图、符号的场景化和仪式化，极具平面装饰美感。服饰华丽、表情冷漠、肢体语言优雅、环境舞台、表演群体化和模特化，兼具华丽和优雅。画面常具有行为艺术式的冲击力和非现实梦境式的迷离美感，成为消费者炫耀、释放消费欲望和快感的时尚表演仪式。

(一) 许舜英的创作理念

- 创意是非逻辑的，广告没有固定的模式，风格也可以多变。广告所传播的并不是完整的商品信息，而体现出模糊性、散漫性、反叛、变形等“不确定性”因素，体现出对一切秩序和构成进行消解的后现代主义精神，使广告处于一种动荡的否定和怀疑之中，根本抛弃逻辑叙事而展现出令人眼花缭乱的关联偏差的可能性。这种可能性的表现风格、情境、画面与广告主题松散相连，使广告成为消费者主体不确定意识的张扬。
- 广告话语使大众在零散性、非原则性、无深度性、卑琐性的情境下沉醉于物质愉悦中，使广告成为仪式化的大众的“狂欢”，体现出在消费文化盛行的世纪中个人主体意识与物质崇拜间相互膨胀、相互挤压的紧张关系。
- 广告语体现并引导消费者或清晰或模糊的生活态度和价值取向主张，应该“替消费者立法”。由于这些主张贴近消费者的意识形态并且标新立异，符合消费者对个性的追求和需要，因而容易被消费者接受并成为流行，如“我爱流行，所以我存在”、“衣服是这个时代最后的美好环境”、中国时报的“知识使你更有魅力”等。
- 从广告的个案去思考才有意义，广告从整体上看是没有意义的。
- 意识形态的广告美学化和文学化特征就是最前沿和自我毁灭。
- 实效不是自己标榜的。不同的情境下，为了实效，创意的解决方式是不一样的。
- 高品质的作品创意一定要出众。

(二) 许舜英的代表作品

台湾中兴百货、台湾中国时报、东芝家电、倩碧护肤品、Pepe Jeans、司迪麦 口香糖、味丹企业等。

1. 中兴百货 1997 年周年庆“编辫”篇（见图3-17）

文案：爱美的小孩不会变坏。

2. 中兴百货春装上市“衣柜/货架”篇（见图3-18）

文案：三日不购物便觉面目可憎。

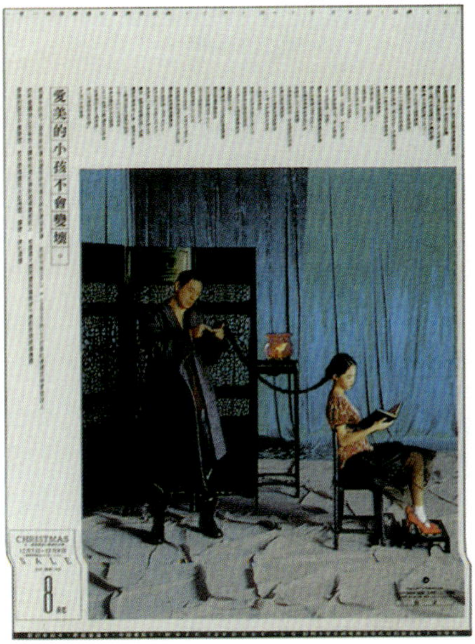

图 3-17

图 3-18

广 告 主：中兴百货

广告公司：意识形态广告有限公司

创意总监：许舜英

六、郑大明

毕业于上海交通大学，现任广东英扬传奇广告有限公司执行创意总监，从业 13 年，是第一个获得 One Show 提名奖的中国本土广告人、One Show 金铅笔奖、龙玺环球华文广告奖、时报亚太、时报世界华文、全广展、广东省优秀广告作品奖、《广州日报》奖等。

（一）郑大明的创意理念

➢ 什么样的人可能做出好创意：

1. 聪明的人。

2. 洞察人心的人。

3. 凡事高标准的人。

4. 周围至少有一个这样的人的人。

- 创意水准主要取决于创意人员自己。做创意是给客户指点迷津、精心包装、引爆市场。
- 马马虎虎、仓促应付很难出好创意。

(二) 郑大明的代表作

陈李济壮腰健肾丸《草帽篇》、《老人院篇》、中国南方航空《精心篇》、《细心篇》、中国联通全国升位（“麻烦您了，加个零”。整合广告创意）、古绵纯酒《百年老窖篇》、松本电工认准系列、节约用纸公益广告系列《马胡卡篇》、《水青冈篇》、《乳桑树篇》等。

1. 陈李济壮腰健肾丸《草帽篇》（见图3-19）

图 3-19

农民下身上的那个尖顶草帽，其所处的位置以及形状可谓形神兼备。再看画面一角的产品——陈李济壮腰健肾丸，至此，不需要文案解释，人们已经可以明了。此广告荣获了第十一届时报世界华文广告奖平面入围奖。

2. 中国南方航空《精心篇》、《细心篇》（见图3-20）

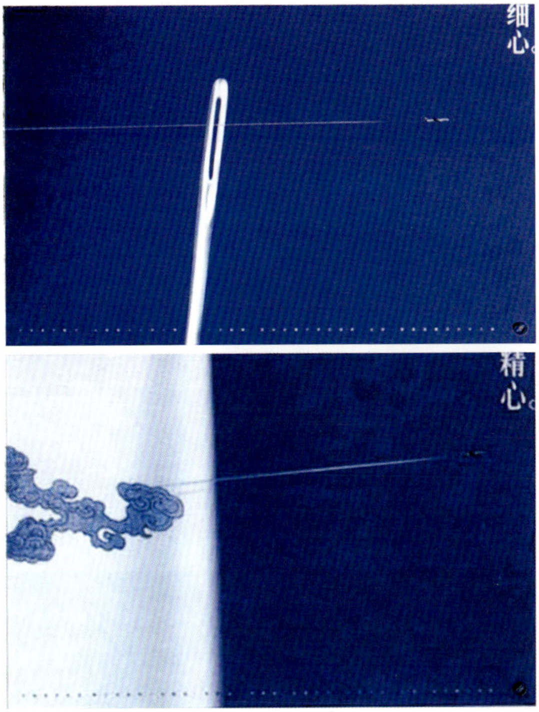

图 3-20

心细，细得过针眼吗？精心，唯独刺绣可比一二。中国南方航空的服务质量由此可以得知。

3. 节约纸张系列（见图3-21）

“嗨！我是马胡卡树，是印度爪哇热带雨林最后仅存的 7 棵之一（在成为这张纸以前）。节约用纸，保护森林。”亲切的问候过后，每个人都有心痛的感觉，也都读懂了树的心声了。该广告是 2003 年 One Show 大中华区仅有的两个平面入围奖之一。

图 3-21

七、吴天赋

现任上海李岱艾广告公司创意总监，毕业于上海大学美术学院广告系。其在2004年创作的阿迪达斯《运动无止境篇》，获得中国广告节、克里奥广告奖、国际艺术指导俱乐部奖、亚太广告奖、金铅笔广告奖等比赛大奖。

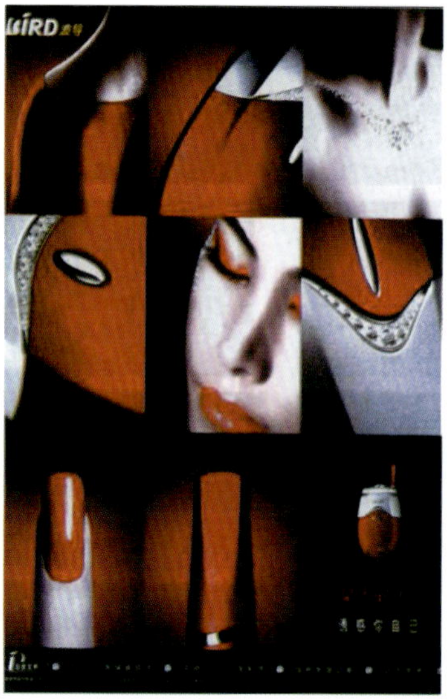

图 3-22

（一）吴天赋的创意理念

广告获奖作品有时候就像是时装秀——不是每一件T型台上的时装都能够穿到大街上去，但从来没有人怀疑过时装秀的意义，因为那代表了一个品牌的形象，也代表着潮流趋势，广告亦是如此。

（二）吴天赋的代表作品

1. 波导《女人心篇》（见图3-22）

图中展示出手机的每一个部分均契合女人身体的每一根诱人的曲线。惊艳的红唇，撩人的指甲，圣洁的颈脖——诱惑你自己，波导女人心。

2. 保护野生动物（见图3-23）

文案：像保护熊猫一样保护其他野生动物。

图 3-23

第四节 优秀华文广告赏析

所谓华文广告指的是以运用中国文化要素（特别是汉字）进行创意的广告作品。

方块汉字，属象形表意文字。汉字在广告中的运用除了以文案的形式出现以外，汉字本身的表意功能尤为特别。

前几年台湾地区的一则“保护森林资源”的公益广告就是这一类作品的佼佼者。广告中先是出现一个“森”字，然后随着树木被伐倒的声音“森”中的两个“木”轰然倒下，只剩下一个“木”字。很快，“木”字的一撇和一捺也倒了下去，只剩一个“十”字架。广告最后告诉大家“上一代滥用资源，下一代等着遭殃”。

图3-24中的“奥妙”洗衣粉，巧妙地运用人们关切的话题吸引眼球，让人会心一笑。产品与话题之间有内在的关联。

图 3-24

广告客户：联合利华

广告代理：上海灵智广告有限公司

汉字书法本身是一种艺术形式，具有独特的美感。在广告中，书法的运用能增强“中国”认同。

图3-25是香港恒美国际广告（DDB）公司在中国农历虎年推出的自我广告，结合了中国传统的书法，告诉目标受众有了DDB则“如虎添翼”。

图3-26所示广告作品用游戏的方式进行文字置换与重复，突出了产品特点，加深了人们对广告商品的印象。

图 3-25

图 3-26

有些广告作品必须对中国文化有相当了解才能理解其用意。几年前“润讯”的影视广告就利用了“烽火戏诸侯”的历史典故，以“一呼天下应”的广告语对其通信产品进行准确的诉求。

图3-27所示为贝克生啤酒广告，采用中国传统元素——书法、禁酒传单等宣传产品的新鲜度，令人耳目一新。

图3-28所示是“碧浪”洗衣粉广告——为你解开“手铐”。由衣服组成的中国古代的刑具，代表繁重的洗衣劳动，而碧浪洗衣粉让你获得自由。

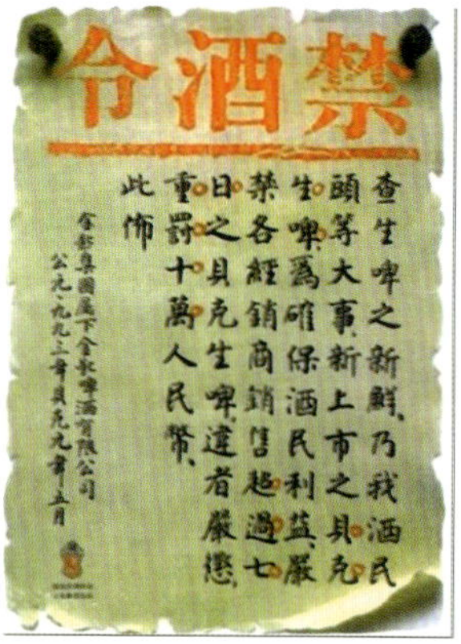

图 3-27

图 3-28

图3-29所示的洋快餐广告采用本土化政策，强调中国人的传统价值观念，更以书法的形式表明自己的“中国立场”。

图3-30所示广告作品具有浓重的中国气息。HONGKONG＝红双喜，突出1997年香港回归祖国的喜悦。红色突显喜庆气氛。

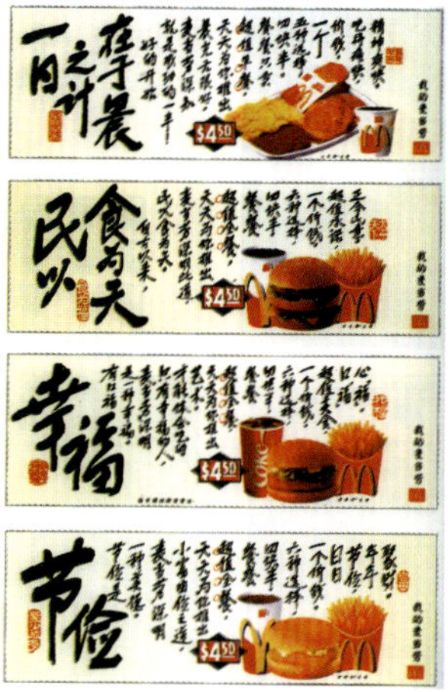

图 3-29

图 3-30

客户：麦当劳快餐

代理：新加坡李奥·贝纳广告有限公司

图3-31所示作品用简体和繁体两种字体的结合表现中国一国两制的概念。

近些年我们看到国内公益广告中有越来越多的好作品涌现。图3-32、图3-33所示是其中的代表作。

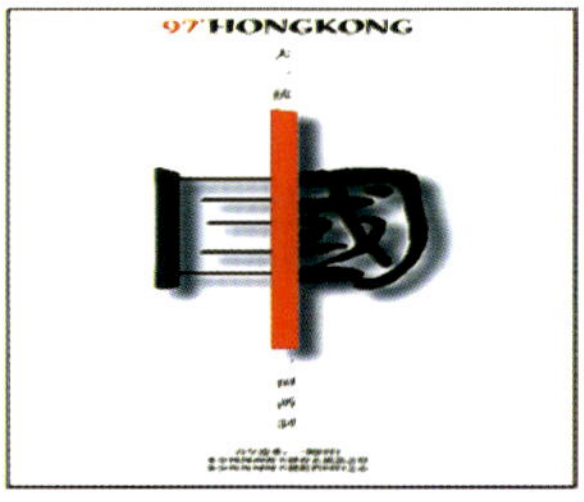

图 3-31

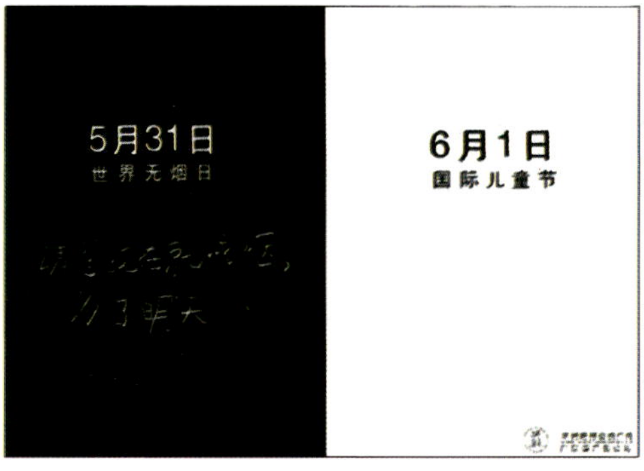

图 3-32

“明天”一词将两个特别的日子联系起来，一语双关。

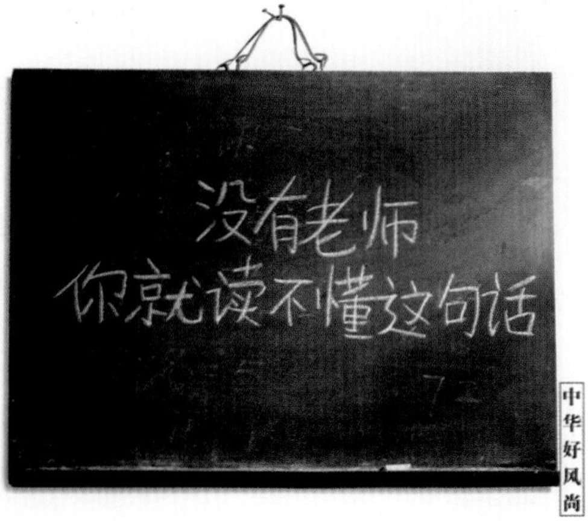

图 3-33

附录1：国内优秀广告语

中国经济的腾飞，造就了一批国内优秀的企业和知名的品牌。其中那些经过市场考验的传播标语都已经成为品牌价值的组成部分，给品牌注入了精神食粮，很好地诠释了企业和品牌的核心价值。

海尔：海尔，中国造

国产家用电器一向被认为质低价廉，即使是出口也很少打出中国制造的牌子。海尔在中国家电工业走向成熟的时候，果断地打出“中国造”的旗号，增强了民族自豪感。就广告语本身而言，妙就妙在一个“造”上，简洁有力，底气十足。

长虹：以产业报国、以民族昌盛为己任

作为民族工业的一面旗帜，长虹在中国彩电工业逐渐走向成熟的时候，承担起民族昌盛的责任，是何等的勇气和魄力。如今，经过几次降价，进口品牌的市场已经很小了。这句广告语就是长虹的精神图腾。

中国联通：情系中国结，联通四海心

联通的标志是一个中国结的形象，本身就充满了亲和力。联通把自己的标志和品牌名称自然地融入到广告语中，从外表到精神做到了和谐统一，反映了企业的精神理念。

商务通：科技让你更轻松

简单、易用的商务通解释了什么叫“科技让你更轻松”。凭借着铺天盖地的广告，商务通创造了一个市场。

飞亚达：一旦拥有，别无选择

当人们的生活品质达到一定高度后，手表就不再是看时间那么单一的用途了。飞亚达用高贵的品质，把自己与身份联系起来，使人们戴上飞亚达手表后，更多的感受是不凡的气质和唯我独享的尊崇感受。

李宁：把精彩留给自己

国内最好的体育用品恐怕非“李宁”莫属了。体育用品是年轻人的天下，既没有耐克的超级明星，又没有锐步的国际背景，李宁的“把精彩留给自己”却也同样符合青少年的心态，谁不希望精彩呢？

康师傅：好吃看得见

台湾品牌却在大陆发家，典型的“墙内开花，墙外红”，一个普通的方便面，能够让美味看得见，的确不容易。

张裕：传奇品质，百年张裕

当进口红酒蜂拥进入中国市场时，以张裕为代表的国产红酒并没有被击退，而是通过塑造百年张裕的品牌形象，丰富了酒的文化内涵，使一个拥有传奇品质的民族老字号企业毅然挺立。

新飞冰箱：新飞广告做得好，不如新飞冰箱好

这个广告曾经引起争议，语言学术界、广告评论界、竞争对手都加入了讨论的行列，褒也好，贬也好，反正新飞是没事偷着乐，毕竟广告能引起如此广泛的关注就是成功，新飞的知名度不知又提升了多少。

孔府家酒：孔府家酒，叫人想家

1995年最引人注目的就是王姬为孔府家酒拍的广告，孔府家酒巧妙地把《北京人在纽约》的火爆嫁接到自己的广告中来，而一炮成名的王姬和“千万次的问”成为最大的记忆点，不过人们也记住了“孔府家酒，叫人想家”这句充满中国人伦理亲情的广告语。

润迅通讯：一呼天下应

润迅是通讯行业里比较注重品牌形象塑造的企业，它们的广告总是大制作、大手笔，“烽火戏诸侯”篇就是润迅的代表作，反映了企业雄伟的气魄。

上海别克：当代精神，当代车

直到通用别克轿车进入中国，才结束中国只能引进国外过时车型的历史，通用别克是第一个引进的当代车型，无论车型还是广告形象都体现了当代车的风范，不含一滴水分也许就是别克轿车当代精神的折射。

奥妮洗发水：黑头发，中国货

当洗发水市场上的民族品牌一个接一个被吞噬的时候，只有重庆奥妮还屹立不倒，而且还大有向国际品牌发难的气势，“黑头发，中国货”就是对国货的自信和信心。

春都火腿肠：春都进万家，宾朋满天下

还记得那个会跳舞的火腿肠吗？当年春都火腿肠可是电视上的宠儿，而这句广告语则充满了热情洋溢的激情，令人感到温暖。

舒肤佳：促进健康为全家

宝洁的广告从不张扬，而是实实在在，堪称实效广告的典范。舒肤佳也不例外，第一个提出杀菌的概念，“促进健康为全家”的广告语也来得很实在。

农夫山泉：农夫山泉有点甜

一句广告语打响一个品牌用在农夫山泉身上绝不过分。没有这句广告语就没有广告的成功，而品牌的长期积累，则离不开这句广告语的作用。换一个角度去看瓶装水，换一个思维去理解瓶装水，就会找到差异，而后，你的品牌个性也就不难塑造了。

乐百氏：27 层净化

这也许是当代中国广告里最经典的一个理性诉求广告了，鲜明的 USP、单一的主题令人印象深刻。虽然“27 层净化”并不是一个独特的概念，但乐百氏却是第一个提出来的，并把这个概念发挥到极致，形成品牌概念独享。

三源美乳霜：做女人挺好

女性用品的广告不好做，主要是很难把握女人的心态，三源美乳霜从“没有什么大不了的”到“做女人挺好”，创意巧妙，不仅功能诉求到位，而且广告语简洁准确，含而不露，让人心领神会，尤其对女人的触动是非常明显的。

（资料来源：人民网 2002 年 1 月 17 日）

附录 2：2008 奥运会徽理念阐释

每一个奥运会徽的后面都讲述着一个故事。

当你翻开这本画册，拥有悠久历史、光荣现在和灿烂未来的中国北京，正在把你拥抱。在这个故事里充溢着中国北京的盛情和期盼；在这个会徽中记载着中国北京向世界做出的承诺。

这就是第二十九届奥林匹克运动会会徽。

图 3-34

里程碑（the journey）

“舞动的北京”是一座奥林匹克的里程碑。

它是用中华民族精神镌刻、古老文明意蕴书写、华夏子孙品格铸就的一首奥林匹克史诗中的经典华章。

它简洁而深刻，展示着一个城市的演进与发展。

它凝重而浪漫，体现着一个民族的思想与情怀。

在通往“北京 2008”的路程上，人们将通过它相约北京、相聚中国、相识这里的人们。

承诺（the promise）

“舞动的北京”是一方中国之印。

这方“中国印”镌刻着一个有着13亿人口和56个民族的国家对于奥林匹克运动的誓言；见证着一个拥有古老文明和现代风范的民族对于奥林匹克精神的崇尚；呈现着一个面向未来的都市对奥林匹克理想的宿求。

它是诚信的象征，它是自信的展示，它是第二十九届奥林匹克运动会主办城市北京向全世界、全人类做出的庄严而又神圣的承诺。

“精诚所至，金石为开”，这枚以先贤明言创意、以金石印章为形象的会徽，是中国人民对于奥林匹克的敬重与真诚。当我们郑重地印下这方“中国印”，就意味着2008年的中国北京将为全世界展现一幅“和平、友谊、进步”的壮美图画，将为全人类奏响“更高、更快、更强”的激情乐章。

形象（the image）

“舞动的北京”是这个城市的面容。

它是一种形象，展现着中华汉字所呈现出的东方思想和民族气韵；它是一种表情，传递着华夏文明所独具的人文特质和优雅品格。

借中国书法之灵感，将北京的“京”字演化为舞动的人体，在挥毫间体现“新奥运”的理念。手书“北京2008”借汉字形态之神韵，将中国人对奥林匹克的千万种表达浓缩于简洁的笔画中。当人们品味镌刻于汉字中博大精深的内涵与韵味时，一个“新北京”诞生了。

美丽（the beauty）

“舞动的北京”是中国人崇尚的色彩。

在这个标志中，红色被演绎得格外强烈，激情被张扬得格外奔放。

这是中国人对吉祥、美好的礼赞，这是中国人对生命的诠释。

红色是太阳的颜色，红色是圣火的颜色，红色代表着生命和新的开始。

红色是喜悦的心情，红色是活力的象征，红色是中国对世界的祝福和盛情。

英雄（the hero）

“舞动的北京”召唤着英雄。

奥林匹克运动会是成就英雄、创造奇迹、塑造光荣的舞台。在这个舞台上，每一位参与者都是不可或缺的角色。这充满力量与动感的造型是所有参与者用热情、感动和激情书写的生命诗篇，是每一位参与者为奥林匹克贡献力量与智慧的宣誓。

奥运英雄传承体育与文化结合的奥林匹克运动的精髓，它为奥运健儿欢呼，为艺术喝彩。

精神（the spirit）

“舞动的北京”是中华民族图腾的延展。

奔跑的“人”形，代表着生命的美丽与灿烂。优美的曲线，像龙的蜿蜒身躯，讲述着一种文明的过去与未来。它像河流，承载着悠久的岁月与民族的荣耀；它像血脉，涌动着生命的勃勃活力。

在它的舞动中，“以运动员为中心”和“以人为本”的体育内涵被艺术地解析和升华。

言之不足，歌之。歌之不足，舞之蹈之。活力的北京期待着 2008 年的狂欢，奥林匹克期待着全人类与之共舞。

邀请（the invitation）

“舞动的北京”是一次盛情的邀请。

会徽中张开的双臂，是中国在敞开胸怀，欢迎世界各国、各地区的人们加入奥林匹克这人类“和平、友谊、进步”的盛典。

“有朋自远方来，不亦乐乎”，这是友善而又好客的中国人的心情写照，也是北京的真诚表达。

到北京来，读解这座城市的历史风貌，感受这个国家的现代气息。

到北京来，共享这座城市的每份欢乐，体会这个国家的蓬勃生机。

到北京来，让我们在 2008 年一起编织和平、美好的梦。

张开双臂的中国，敞开怀抱的北京，欢迎全世界的朋友。

（资料来源：北京奥组委官方网站）

第四章 广告创意的心理学原理与创意策略

第一节 广告创意的心理学原理

一、人类需求金字塔理论

马斯洛被称为20世纪最伟大的心理学家之一。他的人类需求理论认为人的需求如金字塔一般，逐渐从底层向高层发展，而且只有下一层的需求得到满足之后，才会产生更高一层的需求。金字塔理论在社会学、传播学、市场学中得到广泛应用。(如图4-1所示)

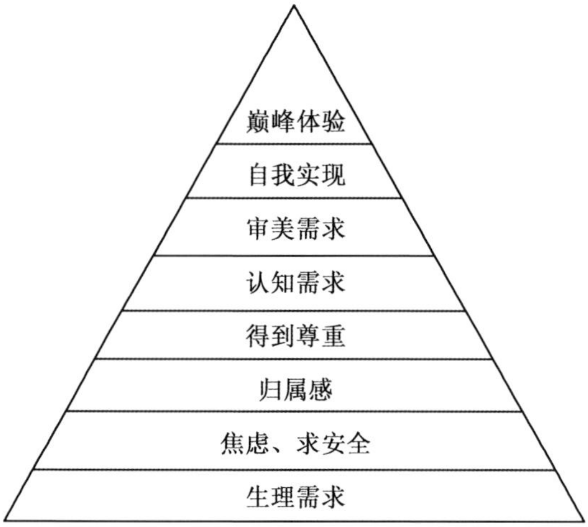

图 4-1

二、人类基本的动机与广告诉求

广告基于人们的基本需求与动机，对商品或品牌进行某一个或多个诉求。根据国外的一项研究，以下 15 项是人类行为的基本动机。

1. 饥饿

食品的美味诉求于人们的饥饿感，让人无法抗拒。

2. 性

性的诉求在广告中的运用，主要是分寸感的把握。运用得当，让人会心一笑，从而记得该产品；过了，则有可能变成情色作品而遭到社会道德观的摒弃。长期以来，性被认为是仅次于食物的，人们的最基本需求之一。（如图 4-2、图4-3）

“亨氏”罐头汤曾有一则影视广告，其情节是这样的：男主人公与女主人公亲热过后十分满足，女主人公起身去拿微波炉中热好的汤，时间显示加热过程只有两分钟。该片用幽默的方式让人记住了“亨氏”罐头汤作为便捷食品的特性。

图 4-2　杜蕾丝安全套广告
广告代理：MacLaren McCann Toronto
广　告　主：Durex Canada

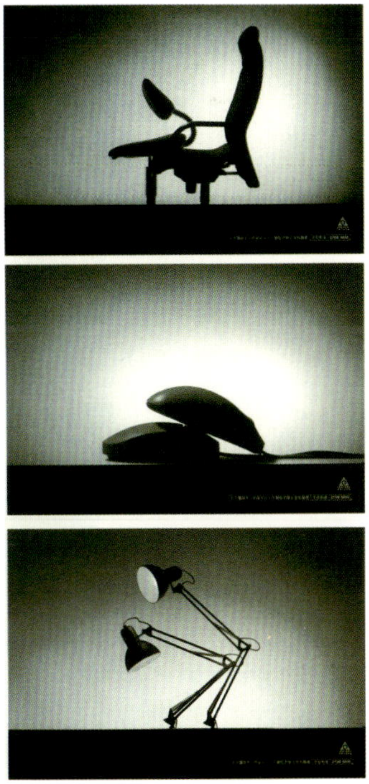

图 4-3　反对办公室性骚扰的广告

3. 关注身体

美容化妆品、减肥健身产品、药品诉求于人们对健康美丽活力的向往。人们关注身体的基本动机主要有两个方面：首先，是对健康的渴望；其次，是吸引他人的注意。尽管人们经常认为自己更加看重他人的品质、智慧、灵魂，但是在意识中，人们大多会自动关注他人的身体状况。因此，人们在乎自己的身体状况是否良好，并吸引到别人的关注。“关注身体”指的是人们关注自己的健康状况、身材、相貌、气质等。并且，有研究表明，在相貌和身材中，人们更加关注自己的身材，因为“即便相貌不好，好的身材仍可以以背面吸引他人的眼球。”基于人们的这些心理特征，在广告的创意中，告知消费者身体的局部或者整体可以得到完善，比如消除面部皱纹等，经常会引起消费者强烈的关注。(如图4-4)

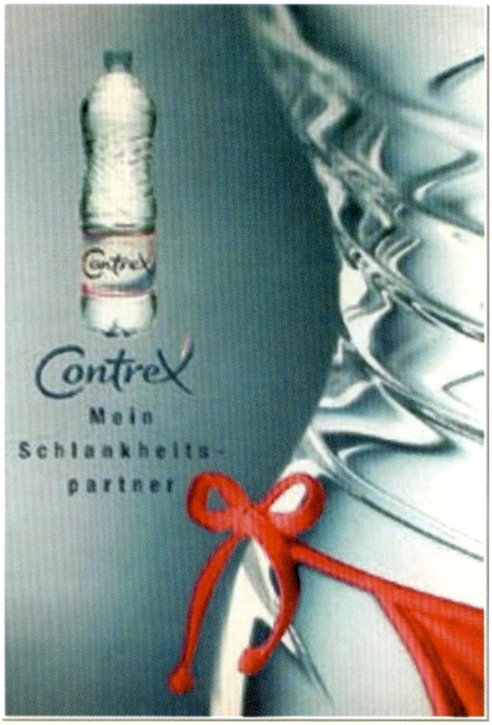

图 4-4

4. 趋利避害

恐惧诉求往往能达到效果。

海飞丝的广告语这样说："你不会有第二次机会给人留下第一印象。"谁希望在自己面试或相亲的时候失去可能是唯一的机会呢?

"声宝"臭氧杀菌洗衣机的电视广告是这样描述的：在一个高级饭店的房间里，一位男士躺在床上看书，壁灯的光线很柔和，他床上的被单整齐而干净。这时有文字出现：你以为就你一个人睡吗?随后画面出现了很多不同性别、不同肤色、不同种族、不同生活习惯的人，他们都曾经在这张床上睡过，而且被单也曾经被弄得很脏。这时画面文字又出现了：在欧美国家的高级饭店都用臭氧消毒，杀死细菌，保持床单的清洁。在台湾地区，只有声宝洗衣机用臭氧来杀菌，臭氧杀菌，干干净净。

但是，当使用恐惧诉求时，要注意掌握分寸，并且要注意不同文化氛围下，人们对于这种"幽默"的接受程度。一旦过了，有时候难免让人产生反感。

5. 好奇

"新"永远抓得住人们的眼球，因为人天生是好奇的。

图4-5所示是奔驰 SLK 车的广告。作品传达了这样的意思：这辆车太酷了，经过的车都不禁紧急刹车，想看个究竟。

图 4-5

广告代理：Leo Burnett，London

美术总监：Mark Tutssel

6. 荣耀

人的“自我”必须得到满足。人们之所以对荣耀有渴求，是因为荣耀本身往往代表了社会的一种价值认可，比如拥有财富是一种社会认可的荣耀，拥有权力是荣耀，在奥运会中为国争光是一种荣耀。人们是否从荣耀中获得满足以及满足程度基于社会的公共价值取向。奥斯卡颁奖典礼上，明星们穿金戴银，说到底，是为其美好的外表锦上添花，是为了显示其身份、地位和财富，而不是因为那样的着装更加舒适。人们追求荣耀，归结起来，是追求他人对自身的认可，是对自我实现的努力。在一则广告中，如果能让消费者觉得拥有了产品，就获得了荣耀，就博得了他人的认可，往往更容易促进销售额的增长。

7. 秩序

人类是生活在一个有秩序的世界里，没有了秩序，所有的一切都将无从谈起。因此，尽管表面上，人们厌恶一些教条的规范、法规、法则，但是在人们的潜意识里，都有着强烈的执著的追求秩序的意识。秩序的存在，实际上是一种社会公认的游戏规则。比如以前在北方，过年的时候小孩子领取自己的压岁钱，需要在长辈面前轻轻下跪，磕三个响头方可获得红包。再比如，大多数人在公共汽车上为孕妇和老年人让座，并认为这是应该的，从而心安理得。秩序经常是社会约定俗成的，却在人们的思想中占有重要的地位，被认为是不可侵犯，不可违背的，很好地约束着人们的行为。多数的清洁洗涤用品用此诉求，告诉人们用了某某品牌家具光洁如新，家中没有异味，干净整齐等（比如冰箱广告——鱼）。这些都是对社会秩序的强化，给予人们安全感，让使用者感觉自己比较好地适应和把握了“游戏规则”，感觉自己的行为符合秩序。

8. 复仇

复仇是人类的基本心理。广告中采用复仇的方式叙述，有时候会让观看者有一种以牙还牙“报复”后的快感，从而拉进了产品和消费者的心理距离。1996年获得戛纳广告节全场大奖的影视作品是“小象的报复”，讲述的是一个小男孩手中还剩最后一颗糖的时候，戏弄一只小象，假意要喂给它糖吃，结果却塞进自己的嘴巴。十年后，男孩已经长大，他正在看一个游行，这时，一只象走了过来，扬起鼻子给了他一击。广告语是“当你还剩最后一颗糖时，可得好好想想！”采用相同诉求方式的广告还有一些牙膏、皮肤药品广告。

9. 社会交往

人是社会的人，人具有群体性和社会性，因此社会交往是人类的基本需求之一。人们在逐渐的成长和成熟的过程中，逐步摆脱自我，融入社会，学会和他人进行沟通，并潜在地、自发地取悦他人，从而使自己在某个特定的群体中有立足之地。无论是在书店里，还是在网络上，我们经常可以看到一些关于如何处世的书籍，并且时常位于畅销书排行榜中，可见人们希望更多的汲取经验，了解与人交流的秘诀，掌握如何更好地与他人进行交往。另外，人们都希望自己有比较广泛的交际圈子，有更多的知心朋友等。从这个意义上，如果在广告中暗示产品对社会交往的促进作用，对于一些消费者，就好像黑暗中的一盏明灯，往往容易获得消费者的青睐。“脑白金”的“送礼”广告曾经到了让许多人深恶痛绝的地步，然而，我们不得不承认，其“送礼”的定位非常准确地抓住了中国人重交往重礼节的特性，而使其一度成为中国人送礼的第一大选择。

10. 家庭

人们总是对和自己有血缘关系或者其他亲缘关系的个体，有特殊的好感和亲密感。尤其，中国人的家庭观念是比较强的。利用家庭观念进行广告诉求，经常可以打动消费者，让人感觉到家的温馨。我们经常在广告中看到一家三口甜甜蜜蜜的景象，尤其是一些家庭日常用品的产品广告，比如牙膏、香皂等。早几年有一则金龙鱼油的广告，可爱的小女孩伸开胳膊，用甜美的声音高唱：“亲爱的爸爸妈妈在等我，等我快回家。”随后金龙鱼的形象进入画面，屏幕的下脚是金龙鱼油的标志。今年可口可乐的广告，亦是采用了家庭的诉求方式——让人感觉可口可乐促进了一家人的团圆和睦，每一个母亲和儿子都为之动容。采用家庭的概念进行广告诉求，最大的好处在于，家庭中的每一个成员都容易在广告中找到与自己相对应的角色，并且都能从中感到一丝温情和亲情，获得一定程度的满足，并且引发对产品和品牌的好感。一些保健品的广告经常采用这样的诉求方式，子女为父母购买保健产品，一家人其乐融融。作为消费者，特别是作为子女，也希望以购买保健品这样的方式表达对父母的关爱，认为这样的方式更容易获得认可，而父母也时常觉得，自己的子女也像电视中的“模范”一样孝顺自己，喜悦更是洋溢于脸上。

11. 威望

“苹果电脑”前几年开始以“不同凡想”（think different）作为品牌的核心概念，这样的理想与意志，是“苹果电脑”创始人30年来的一贯想法，并且在提出此主张后，在产品外观设计上也追求与众不同，重新颠覆了市场，引领了计算机的设计潮流。

当这个概念向大众宣示时，苹果电脑在美国推出了一则六十秒的广告，画面中出现爱因斯坦、毕加索、邓肯、甘地、阿里等伟大人物的纪录片片断，旁白是这样说的：“这里有一些特立独行的人，他们与社会不同调，在方、圆规矩中不协调，对事情有不同的看法，他们是规则的破坏者。你可以引述他们的观点，或是不同意他们的见解，以他们为荣，或是鄙视他们。唯一无法忽视的事：就是忽略他们，因为他们改变了世界，使得人类进步。当时有人视他们为疯子，现在被视为天才，因为不同凡想，才能改变世界，就像你选择了苹果计算机。”

“不同凡想”是苹果电脑的企业使命、理念，并且加以实践，成为苹果电脑顾客的愿景及自我期许。

所谓的“威望”，就是人们希望自己获得一个圈子中的中心地位，希望自己的语言具有说服力和感染力，能对他人构成影响。每个人或多或少都有这样的心理。广告创意中利用威望进行诉求，采用得好，会让消费者觉得，使用了产品就拥有了“绝对的话语权”，从而对消费者构成吸引。我记得甚至在一些幼儿产品中，都采用这样的诉求方式。比如有一则奶粉电视广告，一群小孩子在地上爬、学说话，其中有一个小孩子的表现特别突出，就是因为他使用了这个品牌的奶粉。广告的核心创意是要告诉人们，使用这个品牌的产品，小孩子的表现将更加突出，与众不同。

12. 权力

应该说，每个人都有一定的占有欲，这是权力意识产生的基础。许多人都希望占有他人的业绩，甚至他人的思想，希望他人听从并且顺从自己的意愿行事。他们从掌控他人的过程和结果中获得满足感，自我感觉良好。权力意识贯穿于人们成长的每一个阶段，即便是幼童，也已经会表现出一定的权力欲望，比如希望他们的父母给予他们想要的玩具、酸奶等。如娃哈哈广告中：“妈妈我想要。”——这也是为什么在很多广告中，成功人士的选择通常是一些企业的高层或者政界的领导，是一些权力的把握者。

13. 公民身份

人们希望自己从属于某个群体。这个所谓的“群体”的内涵和外延都是非常广泛的，也是多样的，比如年轻人的群体、老年人的群体、白领阶层、小资一族、波波族等。群体可以按照年龄进行划分、按照社会地位进行归属、按照人们的兴趣爱好进行分类等。划分可以是自然的，也有的是经过特定的组织建设而形成的。

图4-6所示周杰伦代言的 M-zone 广告广受年轻人喜爱。

14. 独立性

独立性的诉求大多运用在青年人产品和女性产品的广告中，只有为数不多的成年男性产品广告采用这样的诉求方式。健力士黑啤 1997 年前曾有一个获戛纳广告节金奖的作品，引用了 20 世纪 70 年代美国新闻记者格洛丽亚·斯泰纳姆的惊人之语：“一个女人需要一个男人就像一条鱼需要一辆自行车。”片中的女性像男性一样干着重体力活，产房里空空如也。虽然整支广告片透着英

图 4-6

国人特有的幽默，但也很能说明女性强调独立的潮流。

耐克也曾经做过一系列针对女性的平面广告，强调女性的自强自立精神。对于一些希望摆脱依靠，获得自由和独立的消费者来说，以独立性作为诉求重点的广告无疑具有很强的针对性，并具有效力性。有一则奶粉的广告，小男孩每日坚持喝该品牌的奶粉，并且茁壮成长，其实这就是一则以独立性进行诉求的广告。青少年的成长就是逐步摆脱依靠，走向独立的象征。

图 4-7　“除了汗水，什么水都不要浪费”

15. 社会接受性

在我们的广告中经常出现的成功男性形象多是西装革履，坐高档轿车，住豪华房子；而女性通常是漂亮的贤妻良母，开心地洗衣服、做饭等。无论再怎么有个性的人，都是希望社会接受和接纳的。人们的行为过程中，很大部分的精力用于关注其是否能为社会所接受。对于广告创意来说，社会接受性具有两个层次的意义：其一，广告中最大限度地展示产品的个性特征，画面中的人物形象倘能得到社会的接受和认可，经常会排除消费者的戒备心理，获得消费者的心理认同，从而促使其购买和使用；其二，广告中应该避免过度“超现实”，使得受众觉得：“我如果那样，肯定遭受其他人的排挤”，广告应做到适度。

三、当前文化表征与趋势

所谓文化，我的理解就是你我他每个人的生活方式与价值观念的综合体，它与上一代人的生活方式有关，与传统的价值观念的积淀有关，但并不是一成不变的。这就是为什么我们看不同时代的文艺作品，就能很清晰地了解当时人们的生活与思想状态，以及当时的文化潮流。

广告既可以看做是流行文化的一部分，也反映相应时代的文化潮流。它反映着特定时间特定地区的人们的价值取向、所思所为，常常及时且直观地反映当前文化的内涵与走势。广告作为流行文化的一部分，可以起到引领时尚的作用。广告中可以倡导同一产品不同的使用方式；可以基于新生的产品类别，倡导全新的生活方式；可以提倡使用某类产品，并赋予新的概念，促使人们的心理认同。当一个广告的出现，是为了给予人们一种全新的理念，倡导全新的生活方式，我们通常认为它是“高级别”的广告。当广告内容得到人们认可后，广告观点一旦很大程度为人们所接纳，其产品也将随之很大程度地被人们接受。我们经常称这样的广告主和品牌为“先期进入者”，他们可以通过设置高的进入“门槛”和壁垒，避免竞争者进入同样的市场。当然，这种广告也具有比较大的风险性，毕竟，要改变人们长期以来形成的态度并非易事。

广告反映一个时代的主旋律，更是以不同的方式来呈现。比较常见的主要有几个方面：

广告中声音的运用。声音包括三个要素：音响、音乐和语言。大多数情况下，广告中的音乐都采用当下时代中流行的、可被广泛接受的旋律。比如当今的广告，极少使用戏曲唱段，因为很难把握深浅，使用不当，难免让人觉得矫情。而语言，则多采用时下走红的明星的声音等。2005 年《超级女声》栏目的窜红，也使一批热爱音乐的女孩子迅速成名。荣获冠军的李宇春接连拍了几个电视广告，很多人认为，她的走红使得“中性化路线”在年轻一代中更加广泛的流行起来。人们不再只崇尚温柔、甜美的女孩声音，一些低频率、沙哑、“粗”的女孩声音受到欢迎。在早几年，如果在广告中采用李宇春的声音，不但没有好的效果，可能还落得“这个声音男不男，女不女”的下场。当然，说到语言，广告中经常使用时下流行的语言，拉近和消费者的距离。

广告中人物的形象。人物的形象所涉及的方面很多，比如人物的头发造型、服装风格、性别特征、角色特征等。不同的时代有不同的流行发型和服装风格，尤其是女性的。广告中的人物如果穿着早期的服装，难免让人觉得“俗不可耐”，而使得整个广告缺乏时代感。并且，每一款流行服饰、发式风格的持续时间越来越短，以前可能是一两年，现在可能只是一两个月。有人专门对男性、女性在广告中的表现进行了内容分析，发现女性在广告中的应用较早期大幅度地增加了，而且广告中的女性也不再仅仅是家庭主妇，很多是职业女性等。我想，这种变化与当下倡导的女性独立，经济独立和精神独立是分不开的，至少是受到这种时代气息的感染。

广告中反映的生活方式。就说我们国家，早几年，刚从计划经济转向市场经济时，人们崇尚排场、大鱼大肉、家庭装饰非常隆重，多有一种炫耀之意。广告中也尽显了这样的意味——餐桌上大鱼大肉，服饰张扬等。而这几年，随着市场经济的成熟，人们的消费回归理性，崇尚绿色、环保、健康、清淡，广告也随之转型，广告人物庄重、典雅，广告画面清新。当然，这都不是绝对的，对应不同的产品，不同的品牌，广告有不同的表现。

一些广告还暗示了当下的政治和商业格局。比如可口可乐和百事可乐的竞争广告、创可贴广告、蒙牛“内蒙古第二”的品牌广告等。有一些广告中出现：“中国人的……”，其实也暗示了我国经济近年来的发展，传递了这样的信息：外国有的，我们也有；外国人做得好的，我们也可以一样好。

因此，一则好的广告，都是建立在对当下社会普通大众充分了解的基础上，挖掘他们内心的好恶、剖析他们的行为心理、了解他们的思想动向。可以说，没有生活，就没有广告。对于广告创意人员，就是要深入了解大众的生活。只有做到这点，才可能创作出人们接受并喜欢的广告，使消费者接受广告产品。创意者也只有做到这点，才可能进一步倡导全新的理念和全新的生活方式，否则消费者将视其作品为脱离现实的“空中楼阁”。作为受众，他们不希望自己被时代所遗弃，自然会尽其所能追逐时代的步伐，购买当下流行的商品，接纳广告中有利的倡导。总之，广告的创作必须根植于大众当下的生活，了解他们的兴趣爱好，他们的喜怒哀乐，他们崇尚的理想。

以下我们挑选了一些关键词，尝试对当前的一些文化表征进行归纳。

1. 年龄与族群

当我们进行消费者市场分析的时候，必须要非常了解某个细分的市场，而不能无针对地涵盖。

当今社会，很难仅仅用少年、青年、中年、老年来划分人群。目前，一方面涌现大量“拒绝长大”，故意“幼稚化”的人群，例如大学生青睐“奶嘴”，穿“婴儿衫”等，30 多岁、40 多岁“扮嫩”的也大有人在；另一方面，近年来的“低龄化写作”现象已经引起全社会的关注，“八十年代后”作家群已经成为一个标签。在网络时代，年轻的百万富翁，30 岁出头的亿万富翁也不乏其人。

2. 性别

传统的男性与女性的角色意识现在也受到挑战，特别是西方的女权主义思潮对于女性意识的崛起起到重要的作用。“男主外，女主内”的传统模式已经逐渐被“男女平等”的意识所替代，由此出现了“新好男人”（new men）。我们已经能够在一些广告中看到，这些“新好男人”在家带孩子，或帮助妻子一起做家务等。而很多女性拥有自己的事业，甚至成为家庭的经济支柱。在西方，女性政治家每年都有不同程度的增加。性别早已经不是区分家庭角色的标准，男女趋向于平等，就学就业中男女的机会也趋向一定的平衡。

在我国，尤其是近一两年，“中性化路线”得到了许多年轻男性和女性的青睐。很多男生挎上了单肩包，戴上了首饰，留长发，说话温柔可亲；很多女生声音低沉，十足的运动打扮，齐耳短发，走路说话大大咧咧。家长在教育子女时，也很少像从前一样，告诫孩子：“作为男孩子，应该阳刚气，男子汉大丈夫应该怎么怎么”，或者“作为女孩子，说话要柔和，做事要谨慎”等。男女学生的交流频繁，互为知心朋友的情况更是平常事。

当一些文化批判学者还在批评广告中女性只是被动地作为被男性“观赏”的角色的时候，已经有不少男性胴体作为“被观赏者”性感地出现在广告中，也有很多“花样”的美少年成为女性观众消费的对象。如果我们仔细地考察，我们还会注意到一些不同的人群，例如“具有男性气质的女性”，“具有女性气质的男性”或“性别倒错者”。关于后者，每年有不少人通过外科手术改变了原来的性别。

3. 朋友

美国的肥皂剧《老友记》（Friends）在热播了整整 10 年之后，终于要拍大结局了。它讲的是住在纽约的三男三女，合租在两套相连的公寓里发生的故事。无独有偶，这些年，国内各地“异性合租”的现象也日趋增多，这种现象反映的是人们观念上的变化，同居未必是“同居”。

根据厦门房地产联合网“异性合租”调查统计数据显示：截止到2001年4月1日上午10：40，参与“异性合租”调查的网友达200人，此次调查历时10天，以下是部分统计数据：男女比例为142 :58。年龄分布：20~29岁的占86%，20岁以下的占4%，29岁以上的占10%。教育程度分布：大专/本科占78%，高中/中专占16.5%，研究生以上占4%，高中以下占1.5%。月收入分布：1000~2000元占45%，2000~3000元占22.5%，1000元以下占13.5%。婚姻状况分布：未婚占86%，已婚占14%。

4. 约会交友

随着互联网的普及，近年来人们通过网络进行聊天、交朋友已经很普遍，QQ、MSN、“论坛”、“聊天室”、“同城约会”、“网恋”等都成为大家耳熟能详的名词。另外，在线网络游戏、手机也已经成为年轻人交流的主要媒介。

根据台北市少年网络交友行为之研究网络初步问卷统计,有59.43%的人曾有网络交友的经验。根据调查,截至2003年8月台湾Yahoo！奇摩、PChome Online、MSN这3大专业交友网站的会员登录资料人次,已经超过100万人。

2004年4月，由搜狐IT发起进行的“网上交友大型调查”显示，网上交友的用户年龄集中在20~25岁，受教育程度统计中大学本科占42%，网上交友次数超5次以上网民占25%。调查显示网民结识男女朋友主要通过论坛聊天室（30.3%）、交友网站（29%）、即时通讯软件（26.8%），14.6%的网民渴望得到一夜情。①

5. 家庭不要孩子

前些年，大家已经听说过“丁克家庭”（DINK. double incomes，No kids）也就是夫妻双收入，无孩子的家庭的简称。根据全国妇联对外公布的一组数据：中国的“丁克家庭”已经突破60万；中国年轻的已婚女性中有四成以上不愿意生育子女，并伴有轻重不同的心理“恐生症”②。

6. 社会阶层的流动性与融合

以“中产阶级”在中国的崛起为例。

在2004年初召开的中国人民政治协商会议北京市第十届委员会第二次会议上，有代表大胆提出：未来几十年，正在崛起的中国中产阶级将成为社会的主流，成为社会稳定的中坚力量。

---

① 搜狐网络交友调查报告，http：//it. sohu. com/2004/07/05/97/article220859758. shtml

② 胡斐．“母爱对象的最佳替代品——要宠物不要孩子”，新周刊．2006年5月10日，http：//news. sina. com. cn/c/2006-05-10/13129821504. shtml

在一般人心目中，说到“中产阶级”，就很自然地想起“小资”或“白领阶层”，他们拿着比普通老百姓高出几倍的薪水，喜欢“IKEA”家具，女士们挎着“路易·威登”，开着小轿车，寂寞了出去兜兜风，到“星巴克”喝杯咖啡，郁闷了就去商场购物……

说到底，正如社会学者刘玉能指出的那样，中产阶级（Middle Class）又称中产阶层或中间阶级，是一个社会学概念，它并非指马克思主义就所有制关系意义上的阶级，而是指社会上具有相近的自我评价、生活方式、价值取向、心理特征的一个群体或一个社会阶层。

划分中产阶级的标准可以以经济收入为标准，也可以以职业为标准，也可以综合来考虑。如果中国中产阶级以年收入 1 至 5 万美元为标准，把社会上拥有中等经济收入的人称为中产阶级，那么，高级知识分子、中小型企业经理、中小型私有企业主、外资白领、国家垄断行业的职工还有专业技术科研人员、律师、大中学教师、文体工作者以及国家公务员、企业中下层管理人员、个体工商户都属于中产阶级。

7. 冒险与机会

2002 年 8 月 7 日，北京大学山鹰社登山队在攀登希夏邦马西峰顶峰的过程中，遭遇雪崩，5 名队员遇难。事隔两年之后，2004 年 7 月 3 日，三名来自北京大学和清华大学的学生在贵州省六枝县登山时发生事故，其中一名学生坠崖身亡……

事故与冒险永远是并存的，但每天世界上都有一些人进行挑战自我的极限运动，他们在这个过程中体验自我实现的价值。

另外的人则期盼幸运女神的眷顾，他们买彩票，加入股市，他们借着上学、出国、或希望嫁一个富翁而与财富结缘。

8. 网络社区

摩根士丹利 2004 年 5 月 11 日发布的中国互联网报告称中国目前是世界第二大互联网用户市场（据 CNNIC 资料，2004 年 6 月，中国共有 8700 万名互联网用户，排名仅次于美国。美国电脑业年鉴资料显示，截至 2004 年 6 月，全球互联网用户共有 9.45 亿），而且有可能在五年内成为最大的市场。中国对传媒和通信方面的限制，为互联网使用率的迅速增长营造了一个良好的环境。

网络社区，特别是网络游戏，聚集了具有共同兴趣与爱好的人群。在那里，大家像是一家人或一个团队，有较强的凝聚力。

据 2003 年 11 月 26 日《新京报》报道，2003 年 11 月 20 日，一份由 1611 位中华人民共和国公民签名的《要求对全国 31 省（区、市）公务员录用限制乙肝（病毒）携带者规定进行违宪审查和加强乙肝（病毒）携带者立法保护的建议书》从浙江寄给了全国人大常委会、国务院法制办和相关官员。将一大批乙肝病毒携带者集聚在一起并催生这份《违宪审查建议书》的，是一个叫做“肝胆相照”的网络论坛。这个原本默默无闻的乙肝维权论坛，在周一超案（引起全国关注的“乙肝歧视”案）发生后，注册会员激增至1.6万人。随着互联网的普及和网民数量的增多，互联网已经成为公民表达意志的一个新的平台，互联网民主静悄悄地介入了现实生活。

9. 自我提升与终生学习

目前的中国，对于学历的要求越来越高，各种门类各种级别的学校、证书班、补习班遍布大江南北，中国人的学习积极性空前高涨，几乎所有人都在学习。据有关研究表明，中国10万亿元居民储蓄中占第二位的目的和支出方向，就是为下一代的教育。今年初，来自扬州的一份调查报告显示，教育支出占到了这些家庭人均可支配收入的46.2%和人均消费支出的62.7%。调查报告认为，教育支出已经成为家庭消费的沉重负担。

许多大学和教育机构纷纷开设学习班，招收各个年龄和各个阶层的人士。有针对青少年的各类辅导班，有针对已经参加工作的人士的进修班，也有老年人学习中心，花样层出不穷，针对性强，培训对象明确，培训效果良好。最近，国内首个精英职业女性课程班——复旦大学管理学院“卓越女性课程”尝试用国学来为成功女性塑造人格魅力。复旦大学EWP卓越女性课程项目主任认为，对于成功女性而言，学习国学可以提升魅力，对于事业也会有大的帮助。课程内容包括了国学精粹，经世哲学，诸子百家等。复旦将从中选取最具代表性的儒、道、佛、易四家，从仁德、自然、顿悟、不易四个角度塑造东方女性的人格魅力。这些学习班之所以可以长期开办，正是因为大众意识到学习的重要性，并且不再将自己局限于青少年时期进行学习，很多人为自己制定了终生的学习计划。

号称全球最大的网上书店的当当书店2004年7月15日的畅销排行前10名中9本都是企业管理类图书，只有一本属文艺类图书。其排名是：

（1）《没有任何借口——最完美的企业员工培训读本》，作者：［美］凯普著，金雨编译

（2）《高效能人士的七个习惯》，作者：史蒂芬·柯维（Stephen R. Covey）

（3）《水煮三国》，作者：成君忆著

（4）《执行——如何完成任务的学问》，作者：［美］博西迪等著，刘祥亚等译

（5）《致加西亚的信》，作者：［美］哈伯德著，赵立光，艾柯译

（6）《现在，发现你的优势》，作者：马库斯·白金汉等著，方晓光译

(7)《我们仨》，作者：杨绛

(8)《六顶思考帽——全球创新思维训练第一书》，作者：［英］波诺著，冯杨译

(9)《世界500强面试题》，作者：［美］沃森著，朱丽，涂颀，李凤芹译

(10)《态度决定一切》，作者：［美］皮尔著，随易译

10. 家以外的家

现在都市里越来越多的人拥有汽车了。车,被爱车族称为第二个家——活动的家。有了车,人们的活动范围加大了,消费习惯和形态自然也随之改变了。

北京市消费者协会于2004年3月10日发布的一份家用轿车消费调查报告显示，目前北京市每百户居民汽车拥有量已达5.1辆，而且继续呈增长趋势。据广州日报2004年7月7日消息，6月底，全市居民家庭每百户（下同）汽车拥有量为4.0辆，比上年同期（下同）增长七成。

在城市里，各种各样的酒吧、书吧、电影院、健身馆、茶馆、咖啡厅、俱乐部等休闲娱乐场所为人们的夜生活提供了丰富多彩的去处，成为家以外的家。现代人家庭观念的淡化得到了解释。

11. 时尚与个性

时尚仍然是人们追随的，引领时尚的是自我张扬的个性主张。就像锐步运动品牌新的广告语一样："I am what I am."（我就是我）。

"飘一族"没有房子，没有什么存款，没有固定的工作，喜欢游荡，他们觉得按照自己的理想生活是很"酷"的事。

北京少女作家春树登上了2004年2月2日美国《时代》周刊亚洲版的封面，与韩寒、曾经的黑客满舟、摇滚乐手李扬等4人被认为是"中国80年代后的代表",文章以"linglei"(另类)来称呼他们,认为他们是"中国的新激进分子"。

"动感地带"说"我的地盘听我的","麦当劳"说"我就喜欢(I'm lovin'it)"。所以,就像"耐克"宣称的,只要你喜欢,就去做吧！(Just do it!)

12. 全球化

20世纪90年代初以来，全球化这个名词越来越频繁地出现在人们的视野中。不管好还是不好，全球化的趋势已经出现了。从制止战争、维护和平、反对恐怖、禁止毒品、保障人权、保护生态、控制人口、到缩小贫富差距、防范金融危机、防止高科技犯罪、维护普世价值、提升全球伦理，都已经不是某一个民族国家可以单独解决好的问题。

中国已经加入WTO，这意味着我们首先在经济层面融入全球化进程。今天在世界各地，"中国制造"已经是一个大家熟悉的标签，通常也代表着价廉物美。全球化的趋势并不意味着民族性、区域性的消失。相反，具有地方特

色、全球品质标准的产品有很大的生存发展空间。与此同时，如何避免因“外来的”少数族群对于某些市场的垄断，而引起处于贫困的多数族群的嫉妒和仇恨，已成为一个必须思考的议题。2004 年 9 月在西班牙发生的烧毁中国鞋业货仓的事件就是一个典型的例子。

13. 基因产品与生命科学

转基因产品已经进入日常生活。是否应该生产和推广转基因食品，成为现代人探讨的热点话题。国家标准化管理委员会会同农业部等组织强制要求，从 2004 年 5 月 1 日开始，在我国生产销售的食用大豆油、菜子油必须标明原料大豆、油菜是否为转基因产品。

克隆羊“多利”曾大大出了风头。由于克隆人胚胎研究涉及社会和伦理问题，美国、德国等很多国家在法律上禁止各种形式的克隆人胚胎研究。包括意大利在内的欧洲 19 国于 1998 年 1 月在巴黎签署了有关禁止克隆人的协议，这是国际上第一个禁止克隆人的法律文件。这项禁止克隆人协议规定，禁止各签约国的研究机构或个人使用任何技术创造与一活人或死人基因相似的人，否则予以重罚。但与此相反，英国、韩国等 8 个国家在法律和政策方面允许治疗性克隆人胚胎研究。

目前已经有不少心脏起搏器在代替人的心脏工作，断肢再造也取得很好的效果。将来，芯片将直接植入人体，科学家预计，到 2030 年，“人机一体”将成为寻常的事。

14. 新宗教

新宗教是相对于传统宗教而言。人类将随着科学技术的进步、物质生活水平的不断提高，由追求社会的、物质的、科技层面的进步，演进到注重“心灵”和“精神”层面的探索。

从西方开始的“新时代”（New Age）运动，糅合了东方的神秘学与西方的思辨哲学的精华，从而开创了一个全新的时代。新时代运动源起于西方六七十年代，而今在世界各地愈来愈盛行，已逐渐渗透到社会文化的各个领域，极大地影响了大众的思想形态。例如，New Age 音乐，就是其直接产物。我们比较熟悉的有喜多郎，恩雅，“神秘花园”，“谜”（Enigma）乐队等。他们的音乐与“新时代”精神一脉相承，那就是：对生命、对大自然神秘力量的敬畏，对自我的探索和领悟，“向自身内部找”，挖掘自身的潜力和觉悟力，而不是向外寻求满足。

15. 后科学时代与绿色思潮

一方面，科学与技术相结合，深刻地变革了生产方式，大大提高了经济发展水平和人们的生活水准，由此人们深切地感受到科学技术在社会进步中极其重要的推动作用，认为科学技术已经成为“第一生产力”。另一方面，科学却同时威胁或影响人类生存与发展，与核威胁、环境污染等有千丝万缕的关联。

人类付出沉重的代价才将“改天换地”的雄心壮志修正为对自然规律的尊重。回归自然，保护环境，关注与人休戚相关的、共同生活在这个地球的其他物种。简约主义、素食主义成为越来越多现代人的共识。

“美体小铺”（The Body Shop）从1976年在英国开办第一家开始，到今天为止，已经在全球50个市场建立了1900家店铺。1999年，美体小铺被英国消费者协会评为第二大最信得过的品牌；1997年，国际品牌顾问公司的一项专业调查表明，美体小铺在全球最杰出品牌的排列中居于第27位。他们的成功很大程度上得益于他们强调的理念：“反对用动物试验，支持社区贸易，注重自我评价，维护人权，保护地球”。

16. 体验导向与用户定制

所谓“体验”（experience）就是人们响应某些刺激（例如，由企业营销活动为消费者在其购买前与购买后所提供的一些刺激）的个别事件体验，会涉及到顾客的感官、情感、情绪等感性因素，也会包括知识、智力、思考等理性因素，同时也可有身体的一些活动。美国战略地平线LLP公司的共同创始人约瑟夫·派恩和詹姆斯·吉尔摩撰写的《体验经济》一书1999年4月问世以来，在社会上引起了强烈的反响。书中所说的体验经济（experience economy），是指企业以服务为重心，以商品为素材，为消费者创造出值得回忆的感受。传统经济主要注重产品的功能强大、外型美观、价格优势，现在趋势则是从生活与情境出发，塑造感官体验及思维认同，以此抓住消费者的注意力，改变消费行为，并为产品找到新的生存价值与空间。“体验”这个词儿在中国的流行，还得归功于美国未来学家阿尔文·托夫勒于2001年12月2日在央视《对话》节目现场的预言：服务经济的下一步是走向体验经济，人们会制造越来越多的与体验有关的经济活动，商家将靠提供体验服务取胜。体验营销被誉为21世纪营销战中最有力的秘密武器。伯德·施密特博士（Bernd H. Schmitt）在他所写的《体验式营销》（“Experiential Marketing”）一书中指出，体验式营销（Experiential marketing）站在消费者的感官（Sense）、情感（Feel）、思考（Think）、行动（Act）、关联（Relate）五个方面，重新定义、设计营销的思考方式。如今的商业活动，体验已经无处不在。

定制化服务是指按消费者自身要求，为消费者提供适合其需求的，同时也使消费者满意的服务。定制营销被认为是实现个性化营销的重要手段，定制营销使人们更大程度地参与生产或挑选完全符合自己意愿的产品和服务，被美国著名营销学者科特勒誉为21世纪市场营销最新领域之一。

不管怎么样，用户决定的时代已经来临。

17. 宽松与非正统

美国前总统克林顿不仅犯了“每个男人都会犯的错误”，他还在全国人民面前撒谎，最终，美国人民还是原谅了他。

同性之爱，作为个人的一种性取向，得到了较多人的理解。现代文明的一个标志是，尊重少数人的权利，允许别人有和我们不一样的生活方式。

18. 犯罪与混乱

翻开报纸的社会版新闻，上演的皆是以前好莱坞的影片场景：警察与劫持人质的歹徒谈判，大学生杀害4名同学，某某千万富翁被枪杀……

香港资深广告创意人曾锦程先生说：天高广告制作了一些“神经广告”（以Sunday为代表）——指那些歇斯底里、不讲道理、变态、不知所云的广告，总之，像精神病人做的广告，我想这是某些香港人人格特质的代表——神经、实际、直接……其实我觉得整个世界都越来越神经。①

19. 时间的压力

现代都市人的共同点是“忙”和“压力大”。

在2002年，全球十大致残原因中，抑郁症排列第四，占所有影响工作的疾病的12%。到2020年，抑郁症将是全球除心脏疾病外，第二位导致残疾和死亡的疾病，同时，抑郁障碍还是导致自杀死亡的最主要的原因。

由世界卫生组织（WHO）牵头的全球精神卫生调查（WMH），共包括五大洲28个国家，近50万名调查对象，于2002年6月2日在美国医学会杂志（JAMA）发布首批调查结果。研究结果表明，精神障碍极为普遍。多数国家的年患病率为9.1%~16.9%，即每6~11名成人居民中便有1名患有属调查范围的精神障碍，上海为4.3%（样本数为2568人），北京为9.1%（样本数为2633人）。②

20. “炒作”与个人隐私

“炒作”是近年流行的一个词，有高校老师居然要开“新闻炒作”课。从璩美凤，木子美，到女演员告导演，相声演员当县长……不管怎么说，这些人出名了。大家意识到出名能带来很多好处，出书，注册商标，金钱……想出名的人必须借助媒体的曝光，媒体为了抢新闻，也要与这些人合作。

媒体对艾滋病人结婚的跟踪报道，对某明星背上纹身的仔细描绘都表明当

---

① 赖治怡．《想做什么就去做——中山幸雄与曾锦程的创意对话》．http://www.kleinerfisch.com/story/Yukio_KC.htm

② 三石，《父亲节，关注抑郁症》，上海家庭报，2004-06-24

今时代要保护个人隐私是一件很难的事。

时报亚太广告奖曾有一则获金奖的作品，讲述一个有趣的故事。一个公司的业务人员到欧洲出差，他不论在宾馆里，在街边的小吃摊上，还是在商店里，所有人对他都了如指掌，令他恐惧万分。广告主是日本的“日立”公司，产品是一种运用在电脑上的编码系统，能够防止资料在传输过程中被拦截而遭遇的损失。这个广告影片虽然有点夸张，但它所反映的却是事实。如今这个资料互联的时代的发展，正是以个人隐私的丧失作为代价。

21. 身体的觉醒

近来，“人造美女”的新闻不断见诸报端。其实这些女孩原先也并不是丑女，之所以要花几十万元受那份罪，只是为了“完美”，让自己更自信。

而男人们更不愿意让岁月夺走男性的雄风与活力，“伟哥”的诞生成为20世纪末最伟大的发明之一。2004年7月7日，国家知识产权局专利复审委员会正式做出决定：撤销美国辉瑞公司抗ED药物“万艾可”中活性成分“西地那非”的用途专利，历时将近3年的“万艾可”专利权争议案告一段落。获此消息，国内部分制药企业表示很高兴，欲上马“伟哥”项目。

传统的清规戒律正慢慢淡去，人们重新思考人性。

22. 版权的“终结”

从BBS、博客（blog）到手机，信息的传递与复制越来越便捷，版权的终结即将来到？出版商的担心不无理由。

23. 虚拟现实（Virtual Reality）

虚拟现实出现在医学如远距离外科遥控手术中，也出现在娱乐、艺术、教育领域。例如给人穿上特制的紧身衣，通过它，使电流适当地刺激到人体表面的大约100万个感觉神经的神经元，那么人就会产生相应的触觉。在这样一个虚拟现实里，人不仅会如入其境，而且会更加美不胜收。虚拟现实在管理工程方面也显示出了无与伦比的优越性，如设计一栋新型建筑物时，可以在建筑物动工之前用VR技术显示一下。当财政发生危机时，虚拟现实可以帮助分析大量的股票、债券等方面的数据以寻找对策等。

2000年4月互联网上出现了第一个虚拟主播Ananova，此后，世界各地又有不少虚拟人物活跃在人们的视野中。例如，著名的电脑游戏角色劳拉（Lara）进好莱坞拍电影；台湾的漫画人物阿贵出唱片，当台视的新闻主播；2001年9月26日，欧洲音乐盛会“2001MTV欧洲音乐大奖”入围名单中，虚拟乐团Gorillaz以6项提名成为当年的大赢家。

一项调查显示，93.5%的网民认为网络虚拟财产归属应当为游戏玩家所有，95.8%的网民认为网络虚拟物品应受法律保护。2003年底，19名成都律师联名写成《保护网络“虚拟财产”立法建议书》，寄往全国人大法律委员会，建议为“虚拟财产”制定一部程序、实体合一的网络虚拟财产保护条例。

近年来，因为网络游戏引起争端，继而引发现实中的打斗伤害案时有发生。虚拟与现实该如何区分？这已成为困扰大众乃至专家的难题。

24. 人工智能

“黑客帝国”无论在北美还是在亚洲都是票房丰收者，尽管很多人说看不懂。机器人将控制人类？人类的担心不无道理。1997 年 5 月，IBM 的“深蓝”计算机首次击败世界象棋大师卡斯帕罗夫，成为震撼人心的消息。

自 1997 年起，机器人足球世界杯赛（The Robot World Cup）每年举办一次。在 1999 年的世界杯赛上，SONY 公司推出了四条腿的机器狗足球赛，表现了日本在这一领域居于领先地位，并将机器狗作为娱乐型机器人推向市场，风靡一时。2003 年 FIRA 世界杯机器人足球赛在奥地利维也纳落下帷幕，中国队获得了两项冠军、一项亚军和两项季军的优异成绩。

2005 年爱知世博会东道国日本的接待员是机器人，这些机器人不仅风度优雅，而且懂英、日、汉、韩四国语言，成为该届世博会的亮点。

以上是近些年的热点。所谓的热点就是人们关注的信息。随着网络的普及，人们了解信息的渠道不再只是去图书馆阅读，只要在搜索引擎上输入几个关键词，就可以最大限度地一览有关的信息。在各大门户网站上，都通过电子系统对人们搜索的关键词进行的统计，以此来说明人们对于一些话题的关注程度。值得一提的是，对于热门关键词排行上的大多数，每个星期都会发生很大的变动，比如有的明星这个星期举办了个人演唱会，可能在热门搜索中会出现他的名字，下个星期他就可能退居二线了。

作为创意工作者，一方面要及时了解这些热门话题，并从中寻找创意灵感，使作品能够“跟上时代的步伐”，满足人们对于该门类信息的渴求；另一方面，创意工作者应该将重点放在那些关注持续时间长的热点上，才不至于加快作品的衰亡速度。只有经得起时间考量的热点话题，才可能被称为“文化趋势、文化动向”，否则如同每日新闻，过了今天就失去了时效性。

创意工作者在了解这些文化动向后，可以在作品中直接采用，直接点明，也可以暗示，点到为止，只要受众心知肚明即可。需要注意的是，创意工作者必须衡量广告产品的生命期限，争取与所赋予的文化内涵的生命期限相符合。比如像葡萄酒一类的产品，经常是时间越久越显尊贵，那么对其赋予的文化内涵就不要是变化太快的。再比如手机、笔记本电脑一类的电子产品，每一种款式的流行期限很短，就可以采用时下最热门的话题进行创意，不必顾及这个话题本身是否容易过时。这也是为什么在采用名人进行广告时，“新人”通常在那些流行时间短、生命期限短的产品中出现，而稍微年长的、饱经风霜的明星在那些百年品牌、生命期限长的产品中出现。

创意工作者仅仅了解当前的文化走向还是远远不够的，还要能够高度地总结、概括，进而有一定程度的把握。体现在广告中就是，你把时代文化嵌入到产品和品牌中，是否很好地掌握了关联的分寸，是否无法让消费者体会到产品背后潜藏的文化意蕴，是否表现过头而使得消费者感到恐惧和尴尬，等等。

第二节　基于广告效果的创意策略

一、USP 理论

罗沙·理夫斯提出建立每个产品自己的“独特的销售主张”［简称 USP，unique selling proposition］，然后反复使用，将它传达受众。他认为一个成功的 USP 必须具备以下三个条件：

（1）具有一个特殊的产品利益。

（2）必须是独具的，是竞争对手所没用过的。

（3）必须具有销售力。

李德林漱口药水——“消除口臭!”，直接！简洁！有力！消除口臭就是消费者使用漱口水想得到的利益。这个广告主张持续使用了 32 年，为厂家带来了巨大的利润。

霍普金斯为喜立滋啤酒提炼的广告语是“喜立滋啤酒是经过蒸汽消毒的!”其实啤酒生产的人都知道，所有的啤酒品牌的啤酒瓶都是经过蒸汽消毒的，但问题是别人从来没这么说过！现在喜立滋抢先说出来了，效果不同凡响。其弦外之音是，其他厂家的啤酒瓶没有经过蒸汽消毒！因此，喜立滋啤酒由原来的第五位跃升为第一品牌。

很多人将宝洁公司的广告称作“两半”，因为这个公司的广告经常是以这样的形式出现：画面的左边，是使用宝洁产品前的人物形象；画面的右边，是使用宝洁产品后的人物形象。画面两边为同一个人，唯一的区别就是使用宝洁产品与否，无疑，右边画面中的人物形象更加美观。宝洁公司将这种广告形式和广告风格再三使用在其各类产品中，如洗发水广告、香皂广告、润肤露广告中，不仅没有激起人们的反感，反而加深了人们对产品和品牌的印象。宝洁是一个品牌多个产品齐头并进，公司多元化运营的典范，其成功之处在于对广告形式的“坚持”。

国内，脑白金的广告可谓是在人们的骂声中生存，人们骂的越响，它出现的越是频繁。细想起来，他们的做法也不无道理。试想，如果人们平时说话聊天，都能时不时骂两句，无形中好似做了宣传和广告，让不知道的人知道，让不关注的人关注，一传十，十传百，百传千。一些本来不关注这个广告的人，也加深了产品的认知。况且，人们只是说："那个广告太差劲"，而不说："那个产品太差劲。"另外，持续长时间的统一口号的倡导："今年过节不收礼，收礼只收脑白金。"强化了语言的力量，深深地印入人们的脑海中，构成一种强迫记忆。"脑白金"创造了神话般的销售额，其成功也在于对广告形式的"坚持"。

当然，不是一味的坚持就是好事，首先要衡量坚持所付出的代价，看看是否值得坚持，不盲目坚持。

二、品牌形象论（Brand Image）

奥格威早在 20 世纪 60 年代就强调品牌形象是企业的最重要的资产之一。

品牌形象简单地说就是消费者对产品或品牌的感知。一个品牌通常有几个不同的形象，其中最为突出的、能被增强而区别于同类产品的就是该品牌的形象。品牌形象通常能用拟人的方式加以描述，比如某品牌是年轻、冲动、活泼、有魅力的、充满活力的、有想法的女性，或某品牌是老成、传统但不拘束的男性。

品牌形象理论产生在产品同质化时代，在产品完全同质的基础上，谁更有独特气质，谁就能脱颖而出。

可口可乐公司于 1997 年推出的"Qoo"形象应该可以给我们很大启发。

图 4-8

Qoo 档案

Qoo 的中国名字：酷儿

出生：听说某一天酷儿来自森林，从此以后被一对好心的父母收养，是家里唯一的孩子。

身高和体重：秘密！

年龄：谣传他相当于人类的 5 至 8 岁

血型：未知（但是他的行为特征符合 B 型血）

特征：他只会说“Qoo”［ku:］（当你喝完后自然而然发出的声音），当他喝完酷儿饮料后脸颊上的红晕会变大

性格：他喜欢模仿大人，是个乐观的孩子、有点儿娇气、有点儿容易自我陶醉。尽管外表简单，但内心极有内涵

主要特征：有趣、可爱、笨拙、善良

技能：跳舞

喜爱的东西：洗澡、好喝的饮料、听话的孩子

讨厌的东西：淘气的孩子

朋友：山鸽（酷儿不仅和人类沟通而且能与所有的生物沟通）

最喜欢的地方：公园

Qoo 的其他：Qoo 是个超级乐天派，调皮捣蛋又爱欺负人，不过只要一喝到 Qoo 这种好喝的饮料，小脸蛋就会变得红通通的，最喜欢在洗澡后喝。虽然是小孩子，但想法却很成熟，让人摸不着头脑，而且少一根筋的他，偏偏活动力又超强，有时可是会让人大喊吃不消！

广告中，最常见的莫过于产品广告和品牌广告，品牌广告尽管对于销售额，可能收效慢，但是适合企业中长期的发展战略。产品的生命周期可能非常短暂，但是一个品牌从创办、维系到衰亡，通常经历比较漫长的时间。

奥美广告公司在品牌管理方面具有绝对的话语权。在《360 度品牌管家》这本书，奥美将自己比喻为“360 度品牌管家”，其使命是成为“珍视品牌的人最重视的代理商”。奥美所做的一切，都围绕着品牌：建立品牌、保护品牌，让品牌不断地产生利润。奥美认为：每一位顾客都是唯一的。为此，奥美强调以尽可能个性化的方式与顾客沟通。多年来，奥美根据不同国家、不同行业的特点，发展了一系列独到的沟通技巧，帮助企业进行卓有成效的品牌沟通。摩托罗拉、IBM、柯达、中美史克、空中客车、LG、旁氏、肯德基、德芙、雀巢、可口可乐、统一、上海大众、中国移动、红塔集团等，都是奥美的合作伙伴。

“大大小小的事情，也都会与品牌建设有关。因为每个品牌都有自己的故事，我们可能会有各自不同的接触时间和体验方式去感受。而那些大大小小的

事情其实都是故事的一部分，深刻影响到品牌关系。很多时候，这些事情远非我们的直接控制范围之内。”因此，奥美坚持从全方位看待品牌。围绕着一个品牌，努力从各个方面寻找各种元素和线索，以捕捉更多与消费者之间的关联，而后对这些事实进行归纳，丰富品牌的故事。

奥美和顾客的合作中，不仅巩固了顾客行业内老大的地位，也使其营销策略成为了行业内的标杆，引领着行业内广告的方向和趋势。奥美认为，项目成功与否的关键之处是和客户之间要有信任与配合，而这种信任和配合一般需要时间和非常开放的深度讨论后才会达成共识，只有品牌战略、资源调配、推动力和执行力等方方面面都环环相扣，项目最终才能成功，“360 度品牌管家”成功的重要标准是能否促进销售。

当然，对于一个优秀的品牌，产品质量的保障是重中之重。

三、定位（Positioning）

20 世纪 70 年代早期，赖兹（Al. Ries）和屈特（Jack. Trout）提出了一个重要的营销理论，这就是定位。该理论于 2001 年被美国营销学会评选为有史以来对美国营销影响最大的观念。该理论认为，在消费者的脑海里，各品牌是分类归档的，像一个个的抽屉。消费者一旦要解决特定问题或要满足特定的需求时，就会直接想到位于脑海里某个“位置”的品牌。营销人员的任务就是，在消费者脑海中为品牌建立一个明确的位置，要使消费者认识到，我们的商品与竞争者有所不同。如果消费者脑海中这个墙头堡建立起来了，那么就是进行了成功的定位，就会有好的收获。这是竞争导向时代颇具威力的营销理论。

喜之郎推出了一种可以吸的果冻，广告语是：“喜之郎，可以吸的果冻”，产品新鲜、好玩，使自己在同类产品中一下子跳了出来。

乌龙茶饮料在众多茶饮料中鹤立鸡群，面对强大的对手，台湾“味王”公司“包种”茶的广告口号是“北包种，南乌龙”，说“包种”是与“乌龙”平起平坐的另一种好茶。这是与当年七喜汽水的“非可乐”定位一样，借力使力，使自己处在了与强大的竞争对手对等的位置上，占尽了便宜。

四、ROI 论

恒美（DDB）广告公司提出好广告必须具备三个基本特质：关联性、创新性和震撼力。即 ROI 理论，该理论被称为“广告鬼斧”。

（一）关联性（Relevance）

广告创意人员始终要牢记，广告不是天马行空的纯艺术创作，广告是服务于广告主的广告目的的，它为达到广告的沟通目标服务，所以有人说，广告创意工作是“带着枷锁起舞”。如果广告的创意表现与广告的商品、服务等没有关联，那么广告作品本身就失去了意义。比如一些名人广告，如果那个名人跟所代言的商品毫不相干，那么，广告的效果非但显不出来，而且还损失了广告费与宝贵的广告时机。关联性还表现在广告创意风格应该和商品本身具有内在的协调性，比如食品广告就不应该采用恐惧的诉求方式，不但无法推广产品，还会使得消费者远离产品。有一则“一个中国”的平面广告，上面一件拉链的衣服，拉链呈拉开状态，中国大陆和台湾分居拉链的两侧。也就是说，广告创意中所选择的传达信息的关联物，必须与所广告的产品、服务或者内容有直接或者间接的关联，能让受众在比较短的时间内明了。

（二）原创性（Originality）

现代人每天被各类信息所包围，其中广告信息的数量也非常之大。根据非正式统计，单单电视广告，每人每年平均收看就达30 000次之多。我们不可能关注每一条信息，只能有选择地接收其中的一些。那么，哪些信息比较容易吸引人们的“眼球”呢？当然是那些具有原创性的，有新颖独到的想法与表现形式的广告作品。

由于历史的原因，我国现代广告的起步仅有短短 25 年的历史。在这个恢复发展的过程中，我国广告业的制作水平和创意水平只能从简单的制作和模仿开始，但是广告界的有识之士早就注意到“原创”之于广告创意的重要性。1996 年中国代表团首次参加法国戛纳广告节空手而归，有人因此提出“越是中国的就越是世界的”这服解药。其实，当时的国内广告缺乏原创性，没有新意，加上文化背景的差异所导致的思维方式与表达方式的差异加剧了理解上的困难，这才是致命伤。中国的广告创意工作人员，可以从我国悠久的历史瑰宝中深入挖掘汉字的深意、雕刻艺术、绘画艺术、戏曲艺术、建筑艺术、手工艺术（如年画、剪纸等）里的中国传统元素，深入了解中国人的思维方式，同时提高广告的制作水平。与此同时，广告创意人员可以学习和借鉴国外优秀的广告作品，在原有基础上，再思考、再创造，有所扬弃，从而使得广告中的幽默能被大众广泛地接受，使得我国的广告制作既具有民族性，又兼具国际性。

（三）震撼性（Impact）

只有很少的优秀广告具有摄人心魄的冲击力。

每当我给学生们播放沙奇兄弟广告公司（Saatchi & Saatchi）制作的那则长达 3 分钟的捐赠广告时，每个人都深深地体会到什么叫震撼性。那个片子记录的是一个从小因为疾病而失去大部分躯干的女子如何千辛万苦地（她只能利用肩膀和牙齿）独立做早餐的情形（包括打蛋，烤面包，烧水，泡咖啡等)，只有音乐，没有任何解说词，只在影片最后连同画外音打出一句广告语：看了这则广告后，你还觉得开一张支票有多难吗？

我相信，这样的广告你只要看过一遍，它给你的印象也是永远无法磨灭的。正如那双渴望读书的“大眼睛”让许许多多的人知道了“希望工程”，并为无数的贫困孩子捐款一样。一则具有震撼性力度的广告，其效果是卓尔不凡的。当今，广告数量越来越多，广告内容和信息更是充斥着人们生活的每个角落，如何在这些信息中脱颖而出，是创意工作者应该思考的。震撼，是直抵人们的内心，使其为之动容；震撼，是在平淡的生活中，唤起人们日渐麻木的知觉；震撼，是一种经久不衰的力量，经得起时间的考量；震撼，应该使作品具有历史意味，能融入世俗、能警醒知觉，能提升意义，能超越平凡。

广告创意要达到上述三个要求，必须明确解决以下五个基本问题：

1. 广告的目的是什么？
2. 广告做给谁看的？
3. 有什么具有竞争力的利益点可以作为广告承诺？有什么支持点？
4. 品牌有什么特别的个性？
5. 什么媒体适合登载广告讯息？受众的突破口在哪里？

五、智威汤逊广告公司的创意策略表

1. 广告必须面对的机会或问题是什么？（What is the opportunity and/or problem which the advertising must address?）

我们要解决什么主要问题？我们的产品优于其他产品的地方，或我们应避免的弱点。

2. 广告后我们要让人们想做什么？（What do we want people to do as a result of advertising?）

我们想人们立即采取行动，寻找更多信息，认知品牌与其需要相关，列为首选，改变态度和加强态度？我们在寻求改变还是要继续目前的状况？

3. 我们要跟谁说？（Who are we talking to?）

我们对谁宣传？充分描绘目标消费群的特征，分析其类型、行为、信仰。

4. 从广告中我们想得到什么反应？（What is the key response we want from the advertising?）

用消费者语言，广告效果中我们唯一想使消费者注意、信任或感觉的是什么？这是其优异于其他同类品牌的最优特征？消费者可能是怎样阐述的？

5. 什么信息/特性有助于产生这种反应？（What information/attributes might help produce this response?）

第五章 广告创意的基本步骤与方法

第一节 广告创意步骤

有人说创意工作的魅力就在于，你完全不知道你会创作出什么，甚至，你不知道下一步你的思维将有什么突破，你的思想将带着你去向何方。因此，很多创意人在创意工作岗位上一呆就是几年、几十年，他们并不觉得日夜的思考、联想、关联、创作是一件痛苦的事情，他们自觉可以在绝望中看到希望，可以在汪洋中搜寻宝剑。相反，很多人初入这个行业，很快又退出，觉得是一种煎熬，是在一片沙漠中寻找盛开的鲜花。其实，创意工作尽管无规律可循，也不应该通过模仿束缚思维的模式，但创意的产生却有其一定的规律。

一、从王国维的“三境界”看创意产生过程

国学大师王国维曾经用几句古词形象地提出治学的“三境界”说：

昨夜西风凋碧树。独上高楼，望尽天涯路

衣带渐宽终不悔，为伊消得人憔悴

众里寻他千百度，蓦然回首，那人却在，灯火阑珊处

如果将这三境界说应用在广告创意上，则大概是这样的三个阶段：

1. 广泛地收集相关资料。

2. 进行资料的分析整理，进行艰苦的创意思考。

3. “踏破铁鞋无觅处，得来全不费工夫。”在最艰难的时候，也是意想不到的时候，灵光一现，出现了好点子。

二、BBDO（Batten，Barton，Durstine and Osbom）广告公司的创意步骤

1. 搜寻事实阶段

(1) 找出问题（瓶颈）所在。

(2) 准备：收集并分析相关的资料。

2. 产生创意阶段

(1) 创意收集：想出尽可能多的相关点子。

(2) 创意发展：选择、修改、增加、综合，产生合适的创意点子。

在搜寻事实阶段，应当对广告目标进行细致的讨论。广告目标为创意活动指出方向，同时也是一种制约。对于相关资料应进行吸收和消化。

在创意产生阶段首先应强调“量”的因素，不要有任何的约束。比如一个人可以坐在桌前，将脑袋中想到的任何有关或无关紧要的杂乱的思绪记下来。一下子就想到的好主意是极少的，通常好主意都是从上百张废纸堆中产生的。

三、詹姆斯·韦伯·杨的创意五步骤

詹姆斯·韦伯·杨（James Webb Young）是智威汤逊广告公司资深创意人，在长达61年的职业生涯之后，他总结了广告创意的原则与基本步骤，揭开了广告创意的神秘面纱。他认为创意是旧元素的新组合，而“创意新组合物的能力可借由提升洞悉关联性的功力而加强”，“在生产创意的过程中，我们心智的运作就如同生产福特汽车的过程一般”①。据此，他提出创意必须经过的五个步骤：

1. 为心智收集原始资料。
2. 对资料进行消化，找出内在联系。
3. 让下意识操作，完全放松，顺乎自然，不作任何努力。
4. 创意迸发，在最意想不到的时候。
5. 形成并发展创意，使之能实际应用。

第二节　广告创意的基本方法

一、“脑力激荡”法

“脑力激荡”（brain storming）也叫动脑会议，是一种集体创意方法，最早由亚历克斯·奥斯本（Alex. F. Osborn，BBDO广告公司的创始人之一）于

---

① 詹姆斯·韦伯·杨．广告传奇与创意妙招．呼和浩特：内蒙古人民出版社，1998年，第125页。

1937 年提出。

动脑会议一般由 6 人左右组成，在一定时间内（最好是 30 分钟）讨论某一问题，它主要的规则是：

1. 不可批评别人的提议，评估留待最后进行。
2. 主意越不着边际越好，因为它可能引发有用的主意。
3. 鼓励改进、综合他人的建议。
4. 气氛要积极、热烈。
5. 强调量的作用，越多越好。

该方法的步骤如下（陈龙安，1997）：

1. 先选定主题、讨论问题。
2. 主持人向参加者解说必须依从的规则，并鼓励学员积极参与。
3. 主持人激发及维持团队合作的精神。
4. 主持会议，及引发组员互相讨论。
5. 记录各组员在讨论中所提出来的意见或方案。
6. 共同拟定评估标准，并选取最有效的解决问题方案。

二、笔谈式脑力激荡法

该方法是脑力激荡法的发展，其步骤是：

1. 每个小组成员在一张纸上写下四个创意。
2. 将这些纸放在桌子中央，并彼此交换。拿到别人的创意后，把它当作刺激，想出新的点子。
3. 在这张纸上写下新的创意，再把它放回桌上中央交换另一张纸，以此得到更多的刺激。
4. 在别人的纸张上写下创意和交换新的纸张的活动持续 10~15 分钟。

三、强制关联法①

强制关联法指在考虑解决某一个问题时，一边翻阅资料性的目录，一边强迫性地把在眼前出现的信息和正在思考的主题联系起来，试图从中得到构想。

（一）主要步骤

1. 把解决问题所能想到的方法都列成一张表，并且进行记忆。
2. 翻阅资料性目录和相关作品，将要解决的问题和信息进行强制联想，

① 香港教育统筹局，校本资优课程教师培训教材套《创意思维》. http://prod1. e1. com. hk/education1/main01. html

并做相关记录。

3. 综合所产生的构想。

4. 强制性对部分构想进行新的组合。

5. 产生解决问题的新奇构想。

（二）注意事项

1. 根据需要解决的问题准备适当的目录。

2. 适当的目录通常是具有三个特色：范围广泛，主题不偏颇；有丰富的图片（彩色更好）、照片或插图皆可；在翻阅到的页面上有使主题实现联想的信息。例如：时装杂志、旅游杂志、风俗杂志、生活杂志等，其次平时留意收集的报刊资料亦可。

四、逆向思考法①

在现实生活中，人们尽管通过学习，获得了许多技能，但同时也在很大程度上限制了自己的思维模式。比如，在进行决策的时候，人们通常列出了“树形图”，企图从主干出发，通过对各个枝干（也就是解决问题的各种方法）以及其可能产生结果的深入探讨，来挖掘决策的线索，并且对各种方法进行效果评估，从而做出客观的决策。也许，我们可以换个角度，换个思考的方式，我们可以先预测决策所要求达成的效果，然后返回来思考如何达到。通常情况下，采用这样的方式，决策将更有效率，并且更能达到预期的效果。

就好比下跳棋，许多人看着自己区域内的棋子，想着如何才能够从此岸跳向彼岸，如何能够进入对方的区域，他们善于正向思考问题。但如果这样，先看看对方的区域，哪些格子可能被“占领”，视线以对方的区域为起点，反向摸索，直至自己的区域，通常能够找到适合完成这一“使命”的棋子。这样一来，下棋更精准，更有方向性和计划性。

将以上的方法运用到创意中来，通过改变对事物的看法和逆向思维，可以发现意想不到的构想，这就是逆向思考法的要点。

在诸多的逆行思考方法中，有以下七类可供参考：

1. 逆向蜂拥而作法　在考虑某一构想的过程中，如果努力朝着与目的相反的方向思考，反而会茅塞顿开。

2. 更上一层楼法　该构想的要点是认为目前理所当然的方法未必最好，进一步对其他方面作仔细的探索。

---

① 香港教育统筹局，校本资优课程教师培训教材套《创意思维》. http：//prod1. e1. com. hk/education1/main01. html

3. 顺势反击法　对于在理论上被认为是正确的事，要敢于反过来思考一下，这是另外一种形式的逆向法。

4. 形式逆向法　在考虑构想时，应该设法在形式上颠倒过来考虑一下，这样就容易得到良好的启示。如图5-1所示男用香水广告。

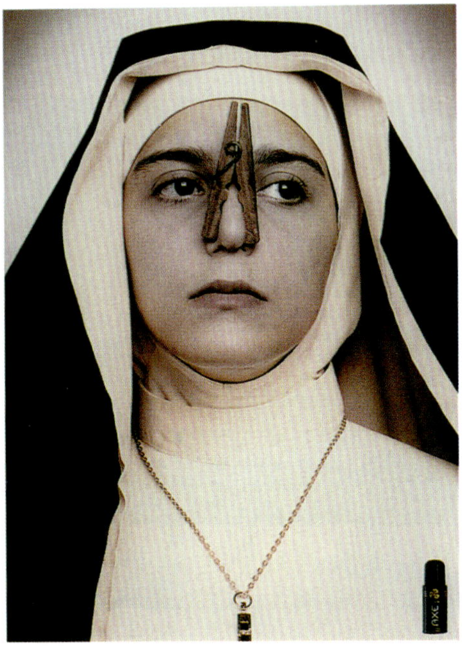

图 5-1　男用香水广告

广　告　主：Axe

广告代理：Vega Olmod Ponce/APL，Buenos Aires

图5-1中不近“男色”的修女都忍不住被吸引，以至于需要用木夹子夹住鼻子，可见香水的诱惑力难挡。

5. 调头法　例如从钢笔的重到轻、从天然材料到人造材料、从粗到细等都调过头来，自由地进行构想，由此得到启示。

6. 现场确认法　在触及问题实质但经过多次努力仍无法突破时，如果再退一步对问题作再认识，就能意外地想出好主意。也就是说要勇于逃脱“死胡同”。

7. 翻里作面法　推翻对某一现象的评价。例如，反过来对被认为是最大的不足之处思考一番，这样就可以轻易地找到优秀发明的线索。

五、类比法①

比较相似事物之间的相同性，在创意过程中以强迫参与者脱离传统观点的方式，让其从新的观点看问题。也就是，从与创意客体相类似的事物中，找出共性，并且强迫将两者进行联系，试图发现合理的、逻辑的表达和构想。

美国麻省理工学院教授威廉.J. 戈登（W. J. Gordon）提出以下四种类比的方法：

1. 狂想类比（fantasy analogy）

此法鼓励参与者尽情思索并产生多种不同的想法，甚至可以牵强附会和构想不寻常或狂想的观念，比如弹簧和橙汁。在这种方法下，创意工作者可以将能够想到的任何事物和事件与所要创意的广告发生联系，企图找到它们之间比较符合逻辑的内涵，加以创意表达。更多时候，这种联想是“纵向”的，也就是联想过程中所出现的事物并非同一个类别，仅仅是每一个联想环节中的两个事物具有一些直接的或者间接的关系。

2. 直接类比（direct analogy）

这是将两种不同事物，彼此加以“譬喻”或“类推”，并要求参与创意者找出与实际生活情境类同的问题情境，或直接比较相类似的事物。此法更简单地比较两事物或概念，并将原本之情境或事物转换到另一情境或事物，从而产生新观念。可利用动物、植物、非生物等加以譬喻。

3. 拟人类比（personal analogy）

将事物“拟人化”或“人格化”。如计算机的“视像接收器”是仿真人的眼睛功能。在实践中所强调的是以同理心代入情境（Empathetic Involvement）。拟人化的表现更容易吸引受众的眼球，因为这种表现形式使得产品更加生动、形象、富有人情味，容易拉近和消费者之间的距离。

4. 符号类推（symbolic analogy）

运用符号象征化的类推。符号表现是抽象的，正是这种抽象使得符号类推作品经常具备哲学韵味，发人深思，也营造了一种淡淡的幽默气氛。尽管，不可否认，这种表现形式使得看得懂作品的受众在欣赏时心里暗暗叫好，感慨创意人员的巧妙构思，深化其对品牌的友好程度，但也可能导致一部分受众认为作品不知所云。毕竟，采用这种创作方法，往往建立在创作人员比较深厚的创作功底、广博的见识、丰富的联想、哲学思维、精炼的表达基础上，必然对受

---

① 香港教育统筹局，校本资优课程教师培训教材套《创意思维》http：//prodl. el. com. hk/education1/main01. html.

众的个人素质也有一定程度的要求。因此，运用与否，要视具体品牌和具体产品而定（如图5-2、图5-3、图5-4所示）。

图 5-2　用条形码类比纤薄的 TITAN 表
广　告　主：Shriro
广告代理：Lowe Lintas & Partners Bangkok

图 5-3

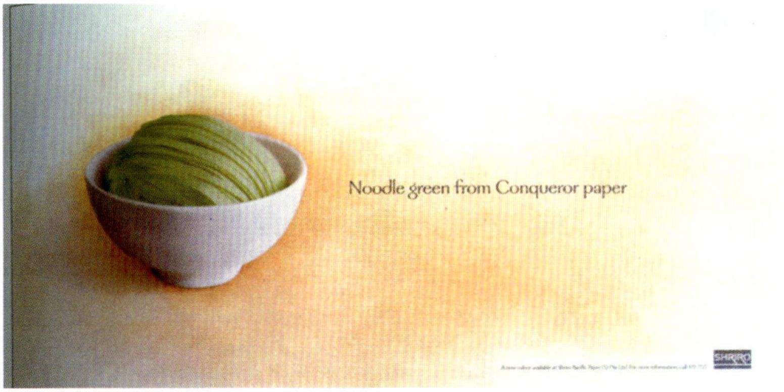

图 5-4

图5-3、图5-4中分别用牛奶和面条两种健康食品来说明该纸产品是绿色环保的。

六、心智图法（Mind Mapping）①

（一）方法简介

心智图法（Mind Mapping）是一种刺激思维及帮助整合思想与讯息的思考方法，也可说是一种观念图像化的思考策略（Buzan & Buzan 著，罗玲妃译，1997 年）。此法主要采用图志式的概念，以线条、图形、符号、颜色、文字、数字等各样方式，将意念和讯息快速地以上述各种方式摘要下来，成为一幅心智图（Mind Map）。结构上，具备开放性及系统性的特点，让使用者能自由地激发扩散性思维，发挥联想力，又能有层次地将各类想法组织起来，以刺激大脑作出各方面的反应，从而得以发挥全脑思考的多元化功能。

（二）参考步骤

1. 定出一个主题，例如“为什么不吸烟”。

2. 在白纸上绘一个圆形或其它图形，把主题写在中心，可以利用彩色将主题凸显。

3. 然后在中心点引出支线，把任何有关这主题的观点或资料写上。

4. 如想到一些观点是与之前已有的支线论点类似，便在原有的支线上再分出小支线。

① 香港教育统筹局，校本资优课程教师培训教材套《创意思维》http：//prod1.e1.com.hk/education1/main01.html

5. 而不同或不能归类的论点，则可给它另引一条支线。
6. 参与者可以随便开支线，想到什么就记在图上。
7. 用一句简短的文字或符号记录每一支线或分支线上的分题。
8. 整理资料，在不同的论点支线旁边用方格把它们归类。

（三）注意事项

1. 可用不同颜色、图案、符号、数字、字形大小表示分类。
2. 尽量将各项意念写下来，不用急于对意念作评价。
3. 尽量发挥各自的创意来制作心智图。

七、属性列举法（Attribute Listing Technique）①

（一）方法简介

属性列举法也称为特征列举法，是由曾在美国布拉斯加（Nebraska）大学担任新闻学教授的克劳福德（Robert Crawford）于1954年所提倡的一种著名的创意思维策略。此法强调参与者在创造的过程中观察和分析事物或问题的特性或属性，然后针对每项特性提出改良或改变的构想。

（二）属性列举法的步骤

1. 条列出事物的主要想法、装置、产品、系统或问题的重要部分的属性。

2. 改变或修改所有的属性列举法，不管多么不实际，只要是能对目标的想法、装置、产品、系统或问题的重要部分提出可能的改进方案。

3. 实例：以“椅子的改进”为例：

首先，把可以看做是椅子属性的东西分别列出“名词”、“形容词”及“动词”三类属性，并以脑力激荡法的形式一一列举出来。

如果列举的属性已达到一定的数量，可从下列两个方面进行整理：

（1）内容重复者归为一类。

（2）相互矛盾的构想统一为其中的一种。

将列出的事项，按名词属性、形容词属性及动词属性进行整理，并考虑有没有遗漏的，如有新的要素须补充上去。

按各个类别，利用项目中列举的性质，或者把它们改变成其它的性质，以便寻求是否有更好的有关椅子的构想。

如果针对各种属性来进行考虑后，更进一步去构想，就可以设计出实用的新型的椅子了。

---

① 香港教育统筹局，校本资优课程教师培训教材套《创意思维》http：//prod1.e1.com.hk/education1/main01.html

八、曼陀罗法①

曼陀罗法是一种有助扩散性思维的思考策略，利用一幅像九宫格图的图画，如图5-5所示，将主题写在中央，然后把由主题所引发的各种想法或联想写在其余的八个圈内。

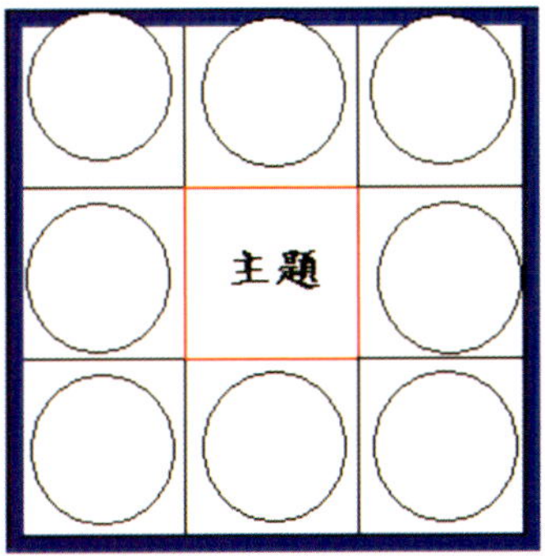

图 5-5　曼陀罗法九宫格图（陈龙安指导）

此法之优点乃由事物之核心出发，向八个方向去思考，发挥八种不同的创见。此法可继续加以发挥并扩散其思考范围。

思考与练习

1. A　　　　　　EF

　　BCD

请找出规律，继续下去。你能想出几个方案？

2. 如何用一笔贯通图中的 9 个圆点？你能想出几个方案？

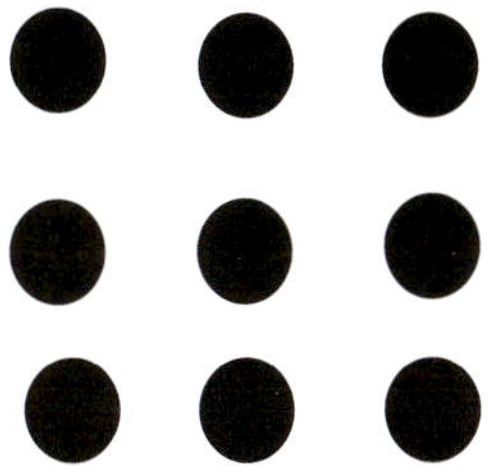

① 香港教育统筹局，校本资优课程教师培训教材套《创意思维》http：//prod1.e1.com.hk/education1/main01.html

- 何时就存在
- 公司/创办人是谁
- 名称的特色
- 视觉资产
- 实体资产
- 其它

例如 Mini "This is America" 系列广告。

12. 借用形式/仿真嘲讽

- 电影
- 文学
- 演艺事业/戏剧
- 大众文化
- 历史重述
- 广告歪改
- 等等

例如广告史上的经典作品，改编"我爱红娘"的海尼根"Water in Majorca"广告。

资料来源：赖治怡的小鱼广告网 http：//www. kleinerfisch. com/

第六章 广告创意的基本思路（一）

在我们谈具体的广告创意思路之前，必须先介绍一下奥斯本（Alex Osborn）的检核表（checklist）。20 世纪 50 年代，奥斯本列出了一些能够刺激新想法产生的问题，这个对照表最初的意图是用来改进和发展产品，但大家会在以下的章节中发现其实它对于广告创意的产生也同样适用。

奥斯本的检核表：

- 是否有其他用途
- 能否应用其他构想
- 能否修改原物特性
- 可否增加什么
- 可否减少什么
- 可否以其他东西代替
- 可否替换
- 可否以相反的作用/方向作分析
- 可否重新组合

鲍伯·艾伯乐（Bob Eberle）1971 年参考了奥斯本的检核表，提出另一种名为“奔驰法”（SCAMPERR）的检核表法。下表简列了 SCAMPERR 检核法的概要及内容：

S	替代/Substitute	何物可被“取代”？
C	合并/Combine	可与何物合并而成为一体？
A	调适/Adapt	原物可否有需要调整的地方？
M	修改/Modify、Magnify	可否改变原物的某些特质如意义、颜色、声音、形式等？

续表

P	其它用途/Put to other uses	可有其它非传统的用途?
E	消除/Eliminate	可否将原物变小?浓缩?或省略某些部分?使其变得更完备、更精致?
R	重排/Re-arrange、颠倒/Reverse	重组或重新安排原物的排序?或把相对的位置对调?

第一节 替　换

将广告中的要素 A 替换成 B，产生一种新鲜感，给人耳目一新的感觉，又表达了产品或品牌的信息。具体的替换方式如下：

1. 替换某样东西、某个地点、时间、程序、人物、主意等（如图6-1、图6-2）。

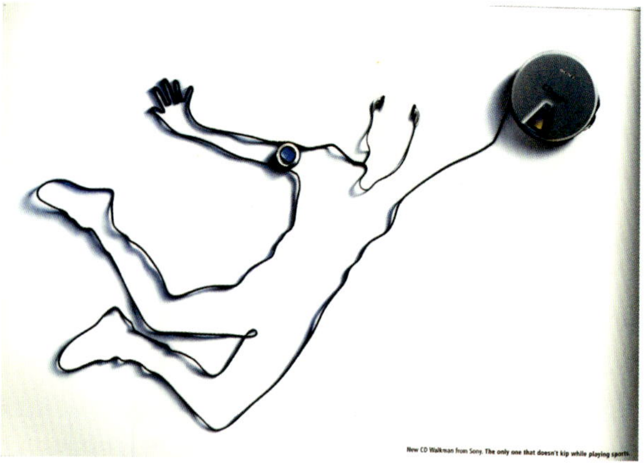

图 6-1

广告主题：新的 Sony 随身听，唯一在运动时不会停止工作的随身听

广告代理：Tandem Campmany Guasch DDB，Barcelona

客　　户：Sony Espana S. A.

用耳机线勾勒的人物投篮的形象，说明索尼随身听在使用者运动时仍然可以使用自如，突显其性能。

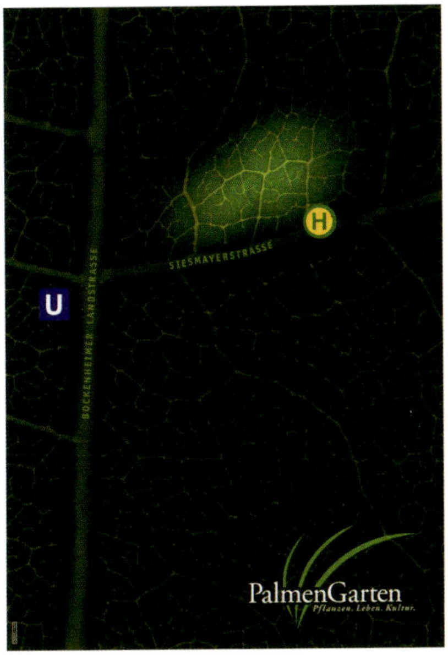

广告代理：Lesch & Frei Gmbh，Frankfurt
客　　户：Palmengarten Frankfurt

图 6-2

法兰克福植物园的广告，叶脉地图别出心裁地标明了最近的地铁（U）和公交站（H）。这样的替换让人感觉耳目一新。

2. 替换产品的成分、材料、作用、关系、主题、包装、信息等。这种替换可以用作产品的功能性诉求。使用一个具体事物来替代广告产品的成分，表明成分所能产生的效果和影响。如图6-3所示广告，用牛奶构成的骨头图案，凸显牛奶补钙，增强骨骼的特性。

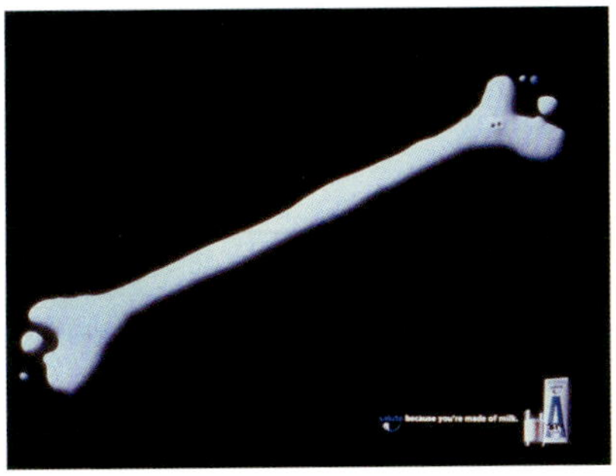

广告代理：Almap BBDD Sao Paulo
客　　户：Salute

图 6-3

牛奶广告，只要一杯牛奶，就可使骨骼强健。

图6-4“Skopje 爵士乐节”的招贴画。用火柴棒和电灯组成的爵士号，符号简单但恰到好处地代表了爵士乐演奏中必不可少的元素。

图 6-4

广告代理：S Team Bates Saatchi & Saatchi Balkans

客户：Oliver Belopeta，Skopje Jazz Festival

图6-5、图6-6是两幅加利福尼亚海岸清洁广告，很生动地揭示了主题。

图6-5中香烟替代了鸟的嘴，倡导人们戒烟，不要将烟头随地乱丢。

图6-6中海岸边的螃蟹背上了巨大的包袱，揭示白色污染，警醒人们不要使用不可分解包装，不要随地乱丢垃圾。

图 6-5

图 6-6

图6-7所示是“宝路”糖，它“随时随地令你口气清新”。

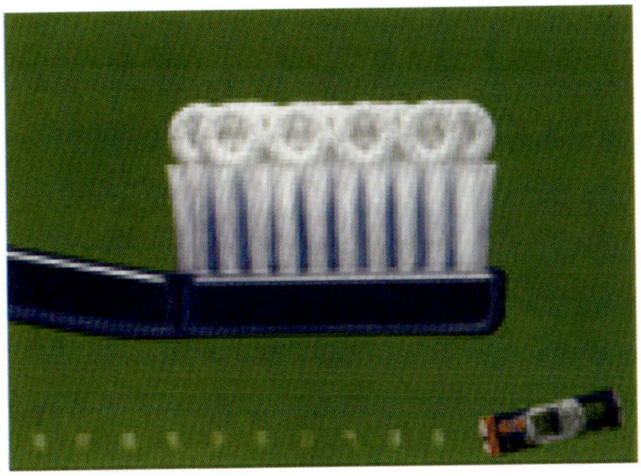

图 6-7 “宝路”糖

3. 创意者变换不同人物的视角来代替自己的视角。按照性别划分：男性、女性；按照年龄划分：幼儿、青年、中年、老年；按照职业划分：教师、律师、探险者、艺术家、心理学家、记者、工程师、警察等；其他划分：动物、机器人、外星人等。这种替换方法主要用于针对性强、有特定目标群体的产品。比如高跟鞋多为女性穿着、刮胡子刀为男性所用、幼儿食品为孩子的最爱、高档香水为白领的必备、按摩椅多为老年人所准备等。俗话说：要当好演员，先要体验生活。对于创意工作者亦是如此，必须了解产品出售对象的需求、心理特征、喜好等，才能创作出打动目标群体的好广告。创意工作者将自己的角色进行替换，有利于觉察特定群体的特定心理，从这个角度进行思考，创意能够直接与目标消费群的心理产生共鸣，针对性强，效果良好（如图6-8）。

广告代理：Scholz & Friends，Berlin
广告主：Riccardo Cartillone

图 6-8

图6- 8是女式高跟鞋广告。穿上高跟鞋后的女子，可以居高临下。此作品为女性主义视角的作品，可以打动一些注重女性地位的消费者，但是，也可能引起男性的不满。创意工作者在遇到类似情况下，还是应该三思而后行。

4. 变换事物的不同情绪：快乐、愤怒、恐惧、沮丧。大多数情况下，创意工作者会让一个本来十分沮丧的事物形象，通过使用产品的对比，使之转变为一个快乐的事物形象。另外，也可能让一个愉悦的人物或者动物形象转变为一个恐惧的形象，来凸显产品的奇特（如图6- 9、图6-10）。

图 6- 9

图6- 9是一则韩国酱料产品的广告。热汤中的蔬菜都有开心的表情，可见连它们都喜爱广告中的佐料。这样的作品常让人会心一笑，这样的表现给画面增添了不少情趣。

是什么能让香蕉和苹果如此绝望？原来是果汁饮料的出现，使得人们不再挚爱新鲜水果，可见果汁饮料的魅力（见图6-10）。创意人员把原来没有生命力的香蕉放到了绳子上，勾勒出了几缕死亡的气息。氛围营造把握得很好，主题明确而不失诙谐幽默。广告语：“听到她‘咕嘟、咕嘟’的声音，我的心都碎了。”

图 6-10

5. 改变事物的规则和秩序。此方法让受众从无序中感受到矛盾，通过画面强化这种与原有规则不同的矛盾，从而加深消费者对品牌和产品的印象（如图6-11）。

图 6-11

广告代理：Daiko Advertising，Tokyo

客户：Suntory Limited

图中日本“三多利”酒的广告，宣传其采用可循环使用的包装。

第二节 改　　编

改编实际上是替换的一种延续。改编就是对原本已经存在的事物、形象进行局部修改，使之成为一个崭新的视觉形象。改编具有以下几个特点：

1. 改编通常是把所要宣传的产品或者品牌，附加或者嵌入原有的图像中，借助原有图像所表达和传递的为消费者所熟悉的信息，直接构成所宣传产品或者品牌的属性，营造一个消费者已经熟悉的画面氛围，容易在短的时间内为消费者所认知和熟悉。

2. 改编和替换的主要区别是：替换是用其他事物来替代所要表现的产品，而改编则重在用所要表现的产品来替换其他事物，让人们用崭新的眼光来看待所要表现的产品。

3. 由于所选择的原有图像、原有事物通常是消费者充分认可的，因此新作品也容易在短的时间内为消费者所认可和接受，容易形成品牌联想。

4. 值得一提的是，改编后的作品，仍然能够让人们辨认出它的原型。也正是基于这个特点，改编相当于打乱了人们的既定思维。人们在潜意识里经过了两个过程，以达成对作品的认同，首先是打破对原有事物、原有图像的印象，其次是接受改编后的形象。在这个过程中，人们强化了对于原来作品的认可，而又容易将眼前的作品和原先的事物和作品进行关联，以达成某种程度的认可，由此广告效果自然不言而喻。

图 6-12

广告代理：Manne & Co，Stockholm

客户：Save the Child，Sweden

人们对于任何一个所要宣传的产品和品牌，改编这一思路可以从以下几个方面考虑：

1. 过去有相似的事物吗？

2. 有没有相似的事物能被部分替换？

3. 产品和品牌在以下情境中会怎样：科学的、宗教的、艺术的、政治的、西部的、战争中、监狱里、电视里、海洋里、剧院里、舞蹈中、心理世界、法庭上……

4. 从大自然中找出与品牌和产品相似和相关的事物：季节、动物、森林、植物、昆虫、气候、沙漠、海洋、山峰、雷雨、河流、冬眠的熊……

图6-12是瑞典儿童权利运动的招贴画，图中将著名的切·格瓦拉的脸巧妙替换为一个孩童的脸，呼唤社会对儿童的保护和拯救。切·格瓦拉代表了自由、和平，对于传递主题信息自然恰到好处。

图6-13是《Men's Health》杂志宣传画。原本的狗拉雪橇颠倒了，体现的是该男子强健的体魄。

图6-14中自由女神披上了带有“喜力”标签的袍子，高举火炬，“寻找一种真正的世界级啤酒。”

图 6-13
广告代理：The Martin Agency Richmond
客户：《Men's Health》杂志

图 6-14　上图是“喜力”啤酒广告

第三节　拼接组合

拼接组合就是将各不相同但又相互关联的各种要素组成一个完整的画面整体。进行拼接组合，不是可以将任何相互没有关联的，或者任意元素放入画面中，应是有选择性地进行。各个元素都能很好地为主题服务，共同形成一种不可抗拒的趋向性，同时它们之间可以比较好地进行画面意义上的排列组合，形成一个有机整体，这样的作品才称得上好的作品。图6-15是一个“援助非洲音乐会”的图标，它将文字、乐器和非洲版图作了一个很好的整合，体现了音乐、援助、非洲等实际意义。

图 6-15

进行拼接组合时可以进行以下思考：

1. 每一个要表达的信息是否可以用一个简单

的图画或者一句简短的文字表达出来，如果可以，进行丰富的基本元素创作。

2. 将创作的元素罗列出来，试着将它们整合在一起。

3. 将想法与他人的想法进行整合，如果可以产生更好效果的话，不妨进行整合。

4. 将产品的功用、产品的外形、产品的目标对象、产品的诉求表达进行组合。

图6-16是一则反吸烟广告。可卡因和海洛因组合成烟的形状。“死于吸烟的人比死于使用海洛因+可卡因的人更多”。该广告表明了创意人员如何将两种事物结合成第三种。

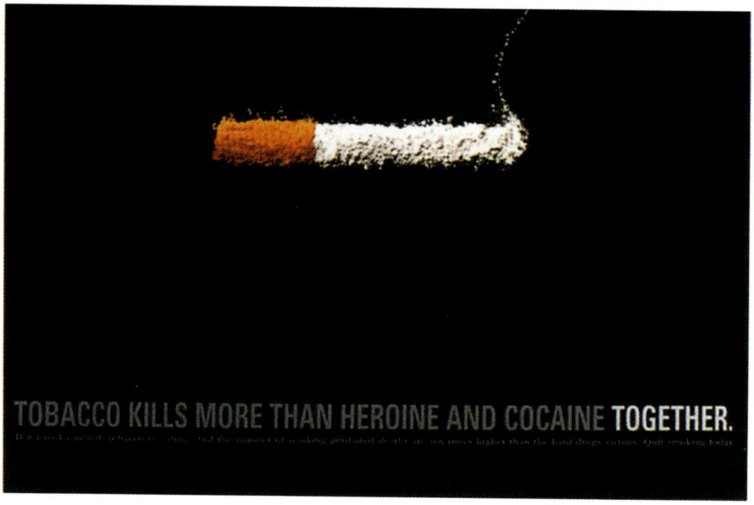

图 6-16

广告代理：Young & Rubicam Portugal，Lisbon

客　　户：Fundacao Portuguesa Cardiologia

图6-17中鱼罐头直接成了一条鱼的一段，说明其产品的新鲜程度。该广告表明了创意者根据不同事物的结合表现了产品本身的质量。

图6-18、图6-19是一家专门生产上衣的意大利公司的宣传广告。创意人员认为这样很好地引发了人们的关注，至少让人们驻足停留，进行观察和思考，这家公司因创意性的广告宣传获得了成功。

图 6-17

广告代理：Lowe Lintas，Amsterdam

客　　户：Gourmet

图 6-18

图 6-19

广告代理：JWT Milan

客户：Pepper Industries/Best Company

第四节　放大或增加

一则“网通”广告展现了一幅城市的新景观：汽车的座位变得宽大舒适，秋千变得宽大得足够容纳更多的小孩玩耍，在人们的视觉里大桥的桥面、桥墩都变得很宽，汽车川流不息，整个城市似乎呈现在宽广的世界里。

放大的手法，从视觉上是引发人们的关注，从对产品构成的影响上看，能让人们觉得广告所要表现的事物安全、方便、舒适、自在，由于视觉上空间感的保障，使得人们觉得有了活动的空间，无论是具体意象上的，还是心理上的。

增加的手法经常用于多功能设备、器械或者生活用品等的产品广告，当然，这种手法并不被局限在特定的范围内使用。增加使得画面丰富，构成了若干个视觉中心，供人们挖掘广告信息的内涵。但也必须强调，应该避免画面表现过于繁杂，反而无法突出主体，最终无法给人留下深刻的印象(如图6-20、图6-21)。

广告主：青果社

广告代理：台北国华广告公司

图6-20

在广告中采用“放大”或“增加”的思路，可以从以下几个方面出发：

1. 把事物进行放大，增大相对比例和占用的画面面积，引起人们的注意。

2. 通过其他手段，比如色彩、光影，强化事物的形象，尽管比例不变，但让人感觉事物被最大化地强调。

3. 通过加大频率、速度来强化画面主体。

图 6-21

广告代理：台湾智威汤逊广告公司

客户：新西兰奇异果

第五节 减法与省略

德国建筑设计大师米斯·凡德洛，曾经说过这样一句话：“Less is more”，译为“少即是多”。

2003 年，英国广告公司 Wieden & Kenndy 创作的本田雅阁“齿轮”篇，轰动全球。整个影片从一颗小齿轮开始，当它滚动之后便开始一连串的碰撞，汽车的每一个零件都完美地演绎了一个机械形态的多米诺骨牌秀，最后形成一部完整的汽车，象征科技机械带给人类生活上的进步。该广告不但获得了许多

图6-25两幅图中，主人公即使裁掉美丽裙子也在所不惜，为的是要显露更炫的 BOCAGE 的鞋子。

图 6-25

第六节 制造幽默

幽默在广告中运用颇多。在国际性广告大奖中，我们经常看到获奖的幽默广告。幽默用得好，往往能让人在忍俊不禁中记住品牌或产品。运用幽默时，创意人员就好像一个幽默大师。但是，制造一个幽默并不容易，Gnen Parret 曾经说过："当一个幽默大师可不简单，如果别人对你的幽默报以大笑或者微笑，如果你只能让一个人感到快乐，那么就证明你的表现是一团糟。"无论采用什么方式来表现，一则广告的最终目标都是打动消费者，促进销售。因此，在制造幽默的时候，切勿忘记了广告目的。有一些幽默广告虽然受到大家的喜爱，却对销售没有什么帮助。要在宣传产品时制造真正的幽默，必须明白：

1. 幽默和笑话是有差别的。听过一次笑话，第二次就不觉得那么有趣了，几次之后更是索然无味。幽默则不同，它是非常细微的，使人能反复品味。

2. 幽默最好能与人们的经历相联系。

3. 幽默一定要与广告的产品相联系，幽默用来增添产品的趣味。

4. 理解受众的幽默感。

5. 避免以取笑别人为代价的幽默，尤其避免取笑少数民族、有色人种、残疾人和老年人等。

6. 不要认为消费者是愚蠢的。

如图6-26～图6-29所示为幽默广告的例子。

图6-26中捕鼠夹上的哥伦比亚咖啡，颇有请君入瓮之意。

图6-27中因为杀虫剂十分有效，青蛙不得不为了糊口而出来找工作。

图 6-26

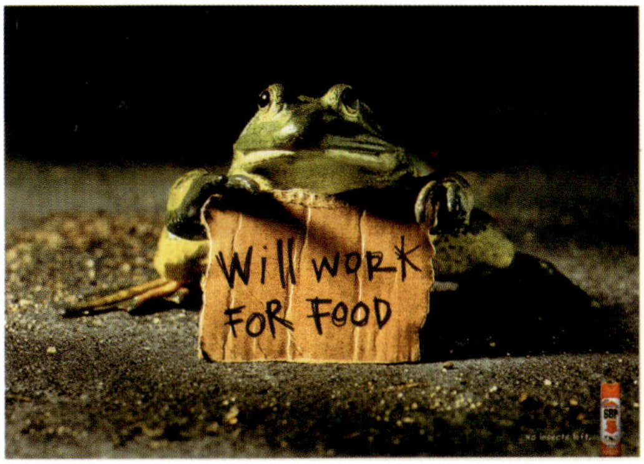

图 6-27

广告代理：DM9 DDB，Sao Paulo

客户：SBP

图6-28中两幅图中表现了LG空调让室内温度如此舒适，难怪连画中人都忍不住跳出画面来好好享受。

图 6-28

图6-29中的咖啡如此吸引人，以至于真空容器里的圣诞老人都忍不住香味的诱惑，跑出来看个究竟。

图 6-29

思考与练习

1. 你喜欢简约的表现风格吗？为什么？请自己搜索一些广告作品，并赏析。

2. 试用增加和扩大的手法创作一则平面广告。

第七章 广告创意的基本思路（二）

第七节 解构与重构

旧元素，新组合，打破原有的编排格局，创造新语境和新意义。广告里的解构和重构是常用的创意来源，对常见符号的重新组合，对原有顺序和因果的颠倒，在语义的解构和重构之间达到创意境界里的“柳暗花明又一村”（如图7-1～图7-4）。

图 7-1

广告代理：Leo Burnett London

客户：Heinz

图7-1中是五个番茄排成的五颗星，暗示该番茄酱的品质是五星级的。

进行解构与重构时，可从以下几个方面进行思考：

- 尝试事物的各种编排方式。
- 尝试改变事物的材料和表现形式。
- 改变原来事物的排列顺序。
- 改变事物原有的节奏、进度。
- 颠倒事物的因和果。

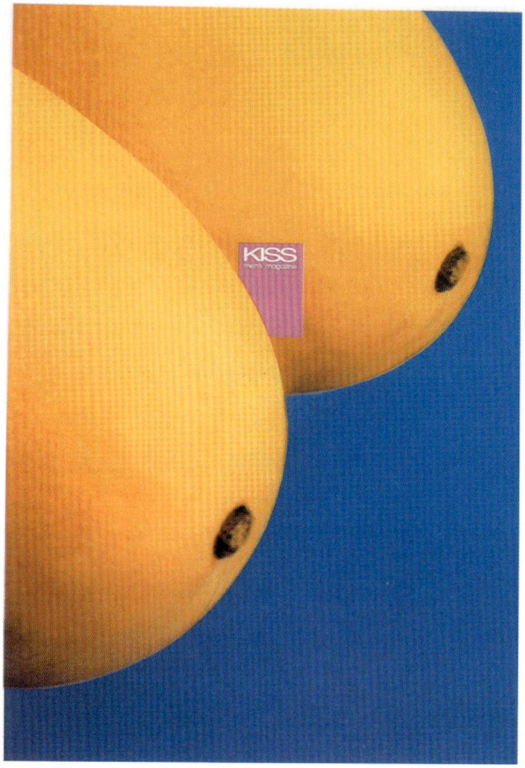

图 7-2

广告代理：Leo burnett，Hong Kong

客户：Kiss Magazine

图7-2是成人杂志广告。原来水果也可以拍得这么性感。

图7-3中人体组成的骷髅头，揭示滥交造成艾滋病的传播，骷髅头也暗示了艾滋病的致命性。

图 7-3

图 7-4

广告代理：McCann-Erickson，Barcelona

客户：Nestle（雀巢）

图7-4中勺柄和杯子组合的时钟图案，杯中诱人的咖啡，表明在 12 个小时中，人们都可以享受咖啡。

广告语：可以让你时刻享受的乐趣，那就是雀巢咖啡。

第八节　痴人说梦

以不存在的人或事为素材展开想像力，编织故事化情节，往往具有出人意料的神奇功效。

图7-5中70岁的好莱坞明星詹姆斯·迪恩悠然自得地坐在豪华跑车内，微眯的眼神依稀可见当年的那副桀骜不驯的神情。这一切看起来似乎很美，其实，这位明星早已不在人世。广告主告诉我们，如果当年他的座驾用的是DUNLOP牌轮胎的话，那么那场致命的车祸就不会成为我们的伤心回忆了。

图7-5

广告代理：TBWA Hunt Lascaris Johannesburg

客户：Dunlop

图7-6

图7-6是“宜家”家具广告。约翰·列农和大野洋子在宜家家居里其乐融融。只是，如果列农真的可以活到现在的话，那么这幅图画就不是我们的梦想了，文案“Imagine”还暗合列农的名曲《Imagine》。

第九节　产品的新用途

在广告表现中可以强调产品的新用途、特性，或提倡一种新观念。

新用途的思考包括以下几个方面：

1. 产品有多少种不同的用途？

新型手机多结合了拍照、MP3、调频收音机、U 盘等功能。国内某品牌服装厂商在广告中宣称他们的西裤具有“防皱防污防盗”的功能。

2. 有什么新的用途？

旺仔果冻的新吃法——摇着吃，植脂末（伴侣）与果冻的结合，新奇的吃法，让大人小孩都很有兴趣，也延长了这两种产品的生命周期。伊莱克斯的三门电冰箱，中、下两层可独立启用，以避免不必要的浪费。

3. 哪些是最为反传统的、最奇异、非常规的用途？

在 Bryant，Fulton & Shee，Vancouver 广告公司为体育报《Sports Only》设计的广告上，一个玩滑板的人手握一份报纸（非《Sports Only》）朝蟑螂猛力击打。文案简洁明了：“别的报纸还是有点用处的。”意为只有《Sports Only》是拿来阅读的。

2007 年 4 月，凭着怪异的造型和没边儿的跑调，17 岁的印度裔小伙山贾尔杀入美国最著名的选秀节目“美国偶像”本赛季的前八强。山贾尔所具有的颠覆性形象，已经成了一个醒目的美国现象。

4. 这些用途中哪个是最有可能的，哪个是最蠢的，哪个最能吸引人？

5. 尝试想像若干年后人们使用该产品的情形。

“日清”杯面最新的动画广告主题是“自由”，它讲述 3000 年时人类移居其他星球，一切都很美好，却惟独永远失去了回到地球的自由，而主人公与宿命抗争，寻回“自由”的故事。

第十节　颠　　倒

“颠倒”是将人们习以为常的东西翻转过来看，并且加以表现，从而揭示出主题。颠倒打破了人们的惯性思维，引发人们的关注和思考；颠倒改变了事物的内在秩序，让人们从新的秩序中去反思旧的秩序；颠倒有时候改变了受众的角色，让他们得以站在新的高度，以全新的视角来审视自己的生活。

以下几个方面有助于思考：

1. 将肯定的改否定，否定的改肯定。

2. 将对象上下、左右颠倒。

3. 将关系、目标、功能、规则等颠倒。

4. 先把你所要达到的结果视觉化，然后回放镜头到产品。故事情节描写时，进行“倒叙”的表现，从结果到成因，从后往前展现画面信息。曾经有一则 Levi's 牛仔裤广告将一对男女脱衣的过程进行倒放，给人一种新鲜有趣的不同感受。

5. 角色互调。如果你是男性，假设你是女性（反之亦然）；如果你是学生，假设你是老师（反之亦然）；如果你是职员，假设你是老板（反之亦然）。那么，你会怎么看同一个问题，是否有不同的价值观和洞见？

英国的沙奇公司曾经做过一则平面广告，广告中的男人挺着个大肚子，标题是“如果是你怀孕的话，你会不会更小心？”广告揭示男人关爱女人的主题。

图7-7是巴西的公益广告。斧头砍掉了自己的斧柄，正应了中国一句古语——搬起石头砸自己的脚。试想，人类对森林的破坏不也正是如此吗？

图 7-7

广告代理：F/Nazca S & S Sao Paolo

客户：Foundation S. O. S. Mata Atlantica

第十一节　互动与游戏

如果广告能让受众参与其中，有所互动，则会给受众很深的印象。有时广告以一种游戏的心态表现产品的特性，也能博得消费者一笑。

图7-8中某去头屑的洗发水广告说：在你看右边的广告之前先在左边的黑纸上挠挠你的头，然后再决定是否要看广告。

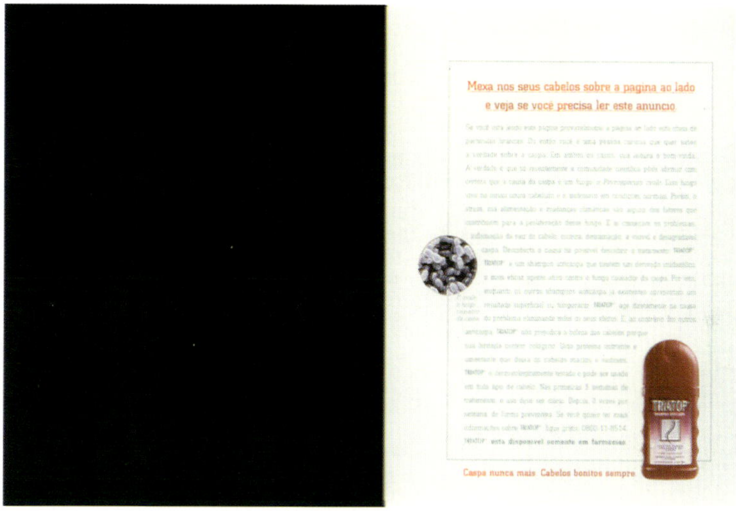

图 7-8

广告代理：DM9 DDB，Sao Paulo

客户：Triatop

图7-9中“地铁广告公司请你回答以下问题：你是否总是看到同样的地铁

图 7-9

广告代理：Roche Macaulay & Partner，Toronto

客户：Trans Ad

广告海报?”该问题重复了三次。它想告诉广告主地铁广告的重复曝光率很高，值得投放。

图7-10所示汽车广告。将变速器上的档位换成兴奋时发出的声音："YEEEEHA"，体现驾驶的愉悦。

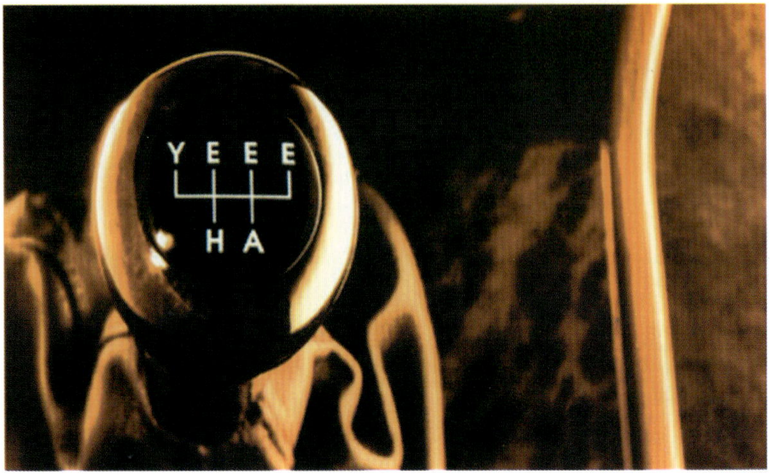

图 7-10

广告代理：Fallon Worldwide，Minneapolis

客户：BMW

第十二节　挑　衅

每个社会都有其禁忌，社会依靠一般人遵守的道德准则维系。然而，有时人们偏偏又喜欢一些有点调皮，有点叛逆的人物，因为这些人敢做其他人敢想不敢做的事，秩序状态下的人们似乎感觉自己的情感也得到了某种程度的宣泄。在广告中，对于固有道德标准的挑衅必须掌握好分寸，否则可能触犯“众怒”。

图7-11、图7-12是“生力”牌清啤酒的系列广告。从广告可以清楚地知道“生力”牌清啤酒的诉求对象是年轻人。广告将该啤酒直接塑造成一个爱恶作剧，爱捣蛋还有点“色”的“坏”小子。

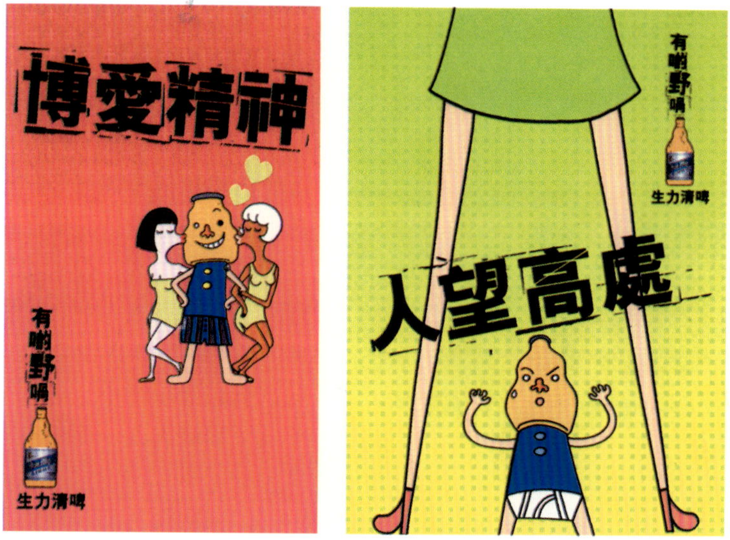

图 7-11

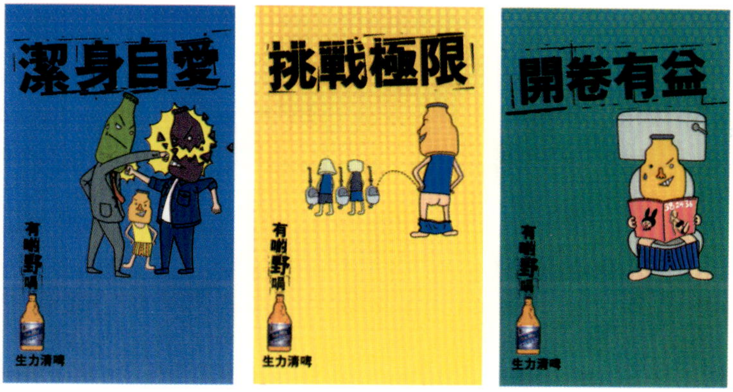

图 7-12

思考与练习

1. 你如何看待文字在广告创意中的应用？请收集更多的汉字和英文文字在广告创意中应用的例子。

2. 你对“性”的诉求在广告中的运用是怎么看的？举例说明。

3. 请收集这两章所介绍的几种思路更多的例子。

附录：意大利超市 ESSELUNGA 系列广告

以下是两组创意非凡的意大利超市 ESSELUNGA 广告。第一组广告（见图7-13~图7-15）将蔬菜和水果巧妙地进行比拟：猕猴桃成了逃跑的兔子，椰子壳变成了瞪着眼的卡通老鼠，长长细细、弯弯曲曲的辣椒不加修饰地成为了海马，裂开的青椒活像龇牙咧嘴的河马，西兰花和胡萝卜的组合竟成了翩翩起舞的芭蕾舞演员，西兰花是参天的大树，洋葱是飞翔的热气球，橙子是网球，荷兰豆是舞蹈中的绿蜻蜓等。这些画面不仅能打动孩子，连大人们也会自然而然地欣赏起来，心生欢喜。第二组广告中（见图7-16~图7-21）创意人员给水果戴上帽子，穿上了衣服，它们便一一变成了歌剧里，音乐剧中，电影里，漫画中的人物，有的甚至成了明星。香蕉穿个袍子成了蝴蝶夫人，面包一经修饰成了古埃及第十八王朝法老，色拉米香肠戴个皇冠成了所罗门王，甜瓜戴个假发变成音乐家贝多芬先生，椰子打扮成为文森特·凡·高，切片面包戴上神气的领结成了威风的007特工，葡萄酒搭配阿拉伯头饰转而成为孩子心目中的能人阿拉丁……广告大师李奥·贝纳曾经说每个商品都有其内在的戏剧性，ESSELUNGA 超市的系列广告就是最好的注解，同时也说明人的想像力是无限的。

图 7-13

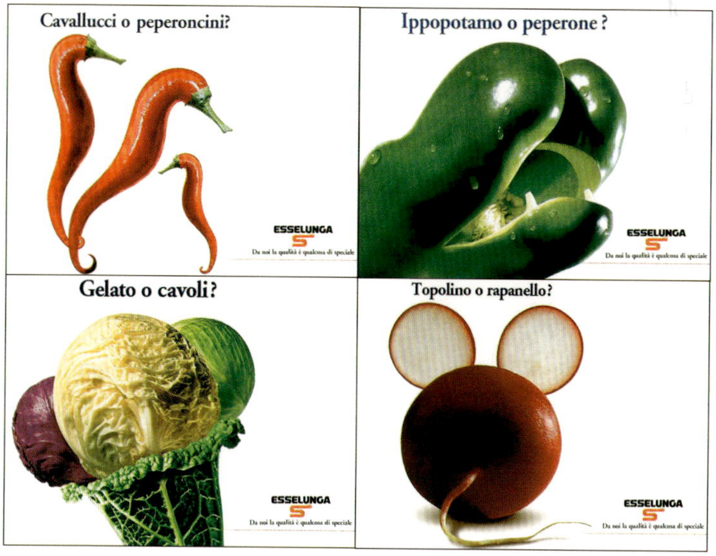
Cavallucci o peperoncini?
ESSELUNGA
Da noi la qualità è qualcosa di speciale
Ippopotamo o peperone?
ESSELUNGA
Da noi la qualità è qualcosa di speciale
Gelato o cavoli?
ESSELUNGA
Da noi la qualità è qualcosa di speciale
Topolino o rapanello?
ESSELUNGA
Da noi la qualità è qualcosa di speciale

图 7-14

Ballerina o carote?
ESSELUNGA
Da noi la qualità è qualcosa di speciale
Pinguini o melanzane?
ESSELUNGA
Da noi la qualità è qualcosa di speciale
Palle da tennis o pompelmi?
ESSELUNGA
Da noi la qualità è qualcosa di speciale
Orsetto o cocco?
ESSELUNGA
Da noi la qualità è qualcosa di speciale

图 7-15

图 7-16

左上：I Re Manghi，I Re Magi——东方三王，或称东方三博士，基督教《圣经·马太福音》中的人物，寻访初生基督的三博士；mango：芒果

右上：Re Salamone ，Re Salomone——所罗门王；salame——色拉米香肠

左下：Riccardo Cuor di Melone，Riccardo Cuor di Leone——狮心王理查（理卡多），英格兰国王理查一世；melone——甜瓜

右下：TutanPanem，Tutenkhamon——图坦卡蒙，古埃及第十八王朝法老；pane——面包

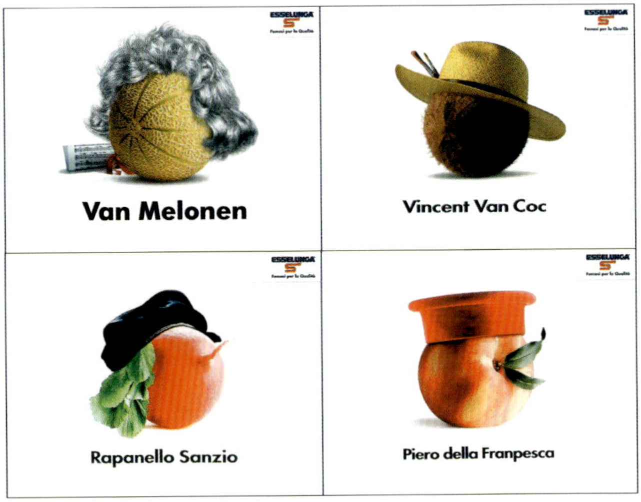

图 7-17

左上：Ludwig Van Melonen，Ludwig Van Beethoven——贝多芬；melone：甜瓜

右上：Vincent Van Coc，Vincent Van Gogh——文森特·凡·高；cocco——椰子

左下：Rapanello Sanzio，Raffaello Sanzio——复兴三杰的拉斐尔·桑齐奥；rapanello——红萝卜

右下：Piero della Franpesca，Piero della Francesca——皮埃罗·代拉·弗朗切斯卡，意大利文艺复兴中期的画家，Domenico Veneziano 的弟子；pesca——桃子

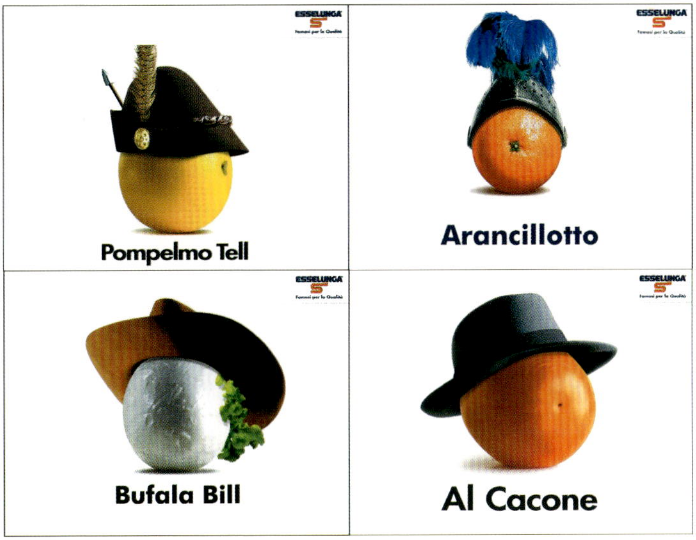

图 7-18

左上：Pompelmo Tell，William Tell——威廉．退尔，ROSSINI 的一出歌剧《William Tell》中的主人公，一位神箭手；pompelmo——柚子

右上：Arancillotto，Lancellotto——即 Lancelot，亚瑟王传奇中的圆桌骑士兰斯洛特，其与王后格温娜维尔（Guinevere）的恋情导致了他与亚瑟王之间的战争；arancia——橙子

左下：Bufala Bill，Buffalo Bill：水牛比尔，美国西部拓荒时代的传奇人物；Bufala：一种意大利的白色干酪 Mozzarella di Bufala

右下：Al Cacone，Al Capone——上世纪 20 年代著名的美国芝加哥黑帮头目，绰号“刀疤脸阿尔”（Scarface Al），全名 Alphonse Capone；cachi——柿子

图 7-19

左上：Alavino ，Aladdin——阿拉丁；vino——葡萄酒

右上：Lawrence d'Arabica，Lawrence d'Arabia——阿拉伯的劳伦斯；caffè （Arabica）：咖啡

左下：Finocchio，Pinocchio——皮诺曹；finocchio——茴香

右下：Fico della Mirandola，Pico della Mirandola——意大利文艺复兴时期的一位哲学家（Giovanni Pico della Mirandola），主要著作有《论人的高贵的演说》（Oration on the Dignity of Man）；fico——无花果

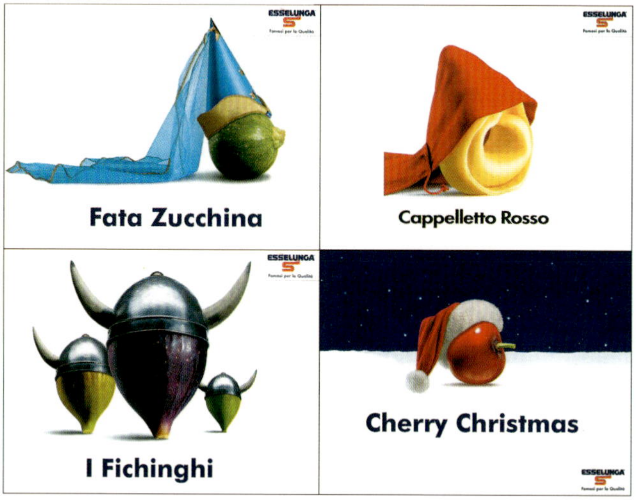

图 7-20

左上：Fata Zucchina，Fata Turchina——皮诺曹里的蓝发仙女；zucchina——小南瓜

右上：Cappelletto Rosso，Cappuccetto Rosso——小红帽，作者是 Emanuela Bussolati；cappelletti——意大利水饺

左下：I Fichinghi，I Vikinghi——即 Viking，维京海盗；fico——无花果

右下：Cherry Christmas，Merry Christmas——圣诞快乐；cherry——樱桃

图 7-21

左上：John Lemon，John Lennon——约翰．列农；lemon——柠檬

右上：Mirtillo Benso Conte di Cavour，Camillo Benso Conte di Cavour——加富尔伯爵，撒丁王国首相，曾经为意大利的统一做出了巨大贡献；mirtillo——蓝莓

左下：L'uovo mascherato，L'uomo mascherato——蒙面人，一个漫画人物，出自同名漫画；uovo：鸡蛋

右下：Aglioween，Halloween——万圣节；aglio——大蒜

思考与练习

1. 意大利超市广告运用了哪些广告表现技巧？
2. 如果这是一家中国的超市，你将如何应用中国元素进行创作？

第八章 广告表现手法（一）

第一节 无文案广告

谁也无法否认，目前劲吹“读图”之风，从几米图画书的流行，到各种漫画书的畅销，从以图为主的《新周刊》，到报纸的大幅彩色图片新闻……于是有人说，读图时代来了！

无独有偶，在广告表现上，我们看到无文广告也在大行其道。

传统的广告形式一般由图片、标题、正文、标语、企业标识组成。与传统的广告形式相比，无文广告指那些画面占绝对比重，文字简约到只剩下标识或只有一句广告语的广告。

无文广告常以焦点简洁突出的画面本身来吸引受众的目光，它常运用对比、隐喻、幽默、双关等手法，让受众对画面进行解读，从而获得广告主想要传递的信息。其缺点也是明显的。如果一个受众不熟悉这个广告主或其产品，有可能无法正确解读画面，其结果就是导致对广告主意图的无法理解，甚至产生误解，并且无法产生共鸣。

其实，无文广告并不是什么新鲜事物。从广告形式来看，平面广告的表现主要有以图为主、图文相得益彰、以文字为主（长文案）三种。中国宋朝最古老的“刘家针铺”广告就是以那只门前的白兔为主角的。中华人民共和国成立前旧上海的平面广告也多以图形为主，且多以当时的美女形象为主。后来，随着“说服”技巧在传播与营销中的运用，文字在广告中得到重视。在广告公司，有专门的撰文人员与美工合作，产生最终的广告作品。有一些杰出的广告创意人，如大卫·奥格威，当今著名的广告创意人 Neil Franky 都是长文案高手。由此可见，当前的无文广告只是一种形式上的回归。

至于无文广告、长文案广告或图文广告哪一种更有效果，我认为讨论这个没有意义。无文广告不可能替代有文案的广告，不存在撰文人员面临失业的问题。每一种广告形式都可能有效或无效，就看广告本身有没有创意(big idea)。

图8-1中薯条顶端蘸上的番茄酱像极了一根火柴棒，用火柴的易燃来传达炸薯条给人的热辣滋味。

图 8-1

广告代理：Saatchi & Saatchi Singapore

客户：Burger King

图8-2是企鹅图书的广告。空白的纸面只有26个英文字母，无论多么感人的书或深奥的知识，都由这26个字母构成。

图 8-2

广告代理：Mustoe Merriman Herring Levy London

客户：Penguin Books

图8-3是大众汽车《婚礼》篇。镜头前，公交车身上的保罗车的低价格抢了本应作为主角的一对新人的风头。

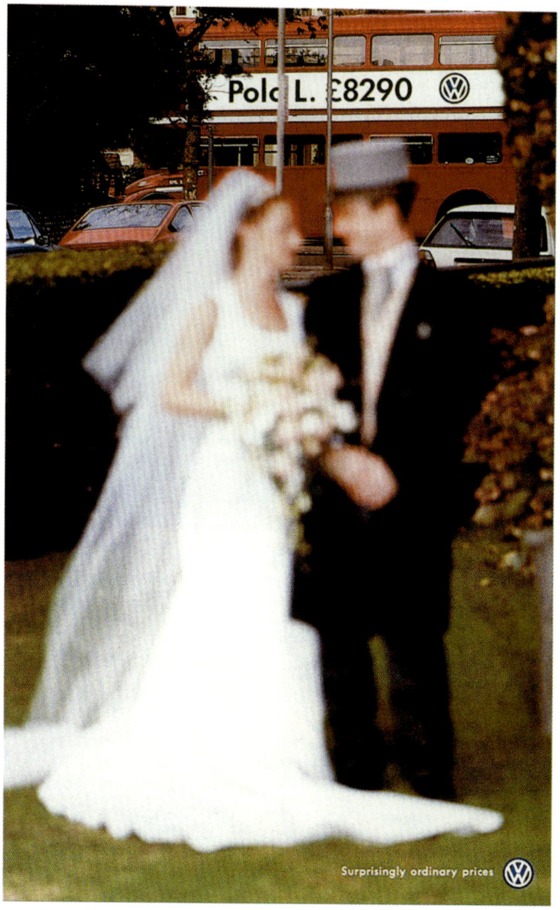

图 8-3

广告代理：BMP DDB London

客户：Volkswagen

第二节　图文结合

“书画同源”，不管是汉字还是英文字符，都可以通过对字符进行拆解、解构或元素替换而传播相应的广告信息。所以，有时候不妨玩玩文字游戏，利用图文的紧密结合，使广告形象更贴切生动。

图8-4是三洋滚筒洗衣机。利用汉字和成语宣传自己。

图 8-4

广告代理：Lowe & Partner，Momsoon Advertising，Singapore

客户：Sanyo

图8-5是奔驰公司企业形象广告。公司参与了艾滋病治疗研究。车灯组合成英文单词“快了”。

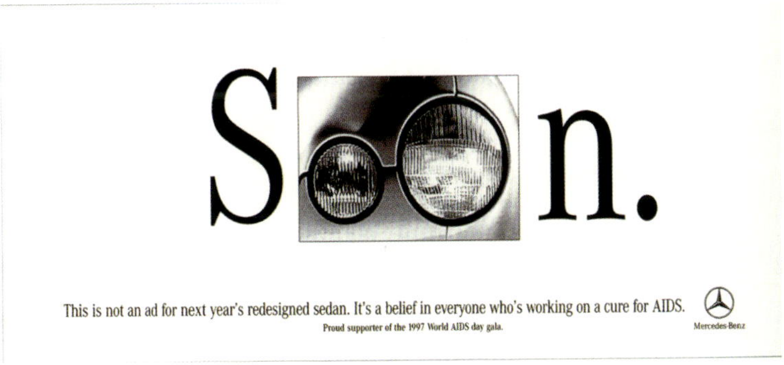

图 8-5

广告代理：Roche Macaulay & Partners，Toronto

客户：Mercedes-Benz Canada（梅塞德斯-奔驰加拿大公司）

图8-6中用意义明确的图示替代某个英文字母。

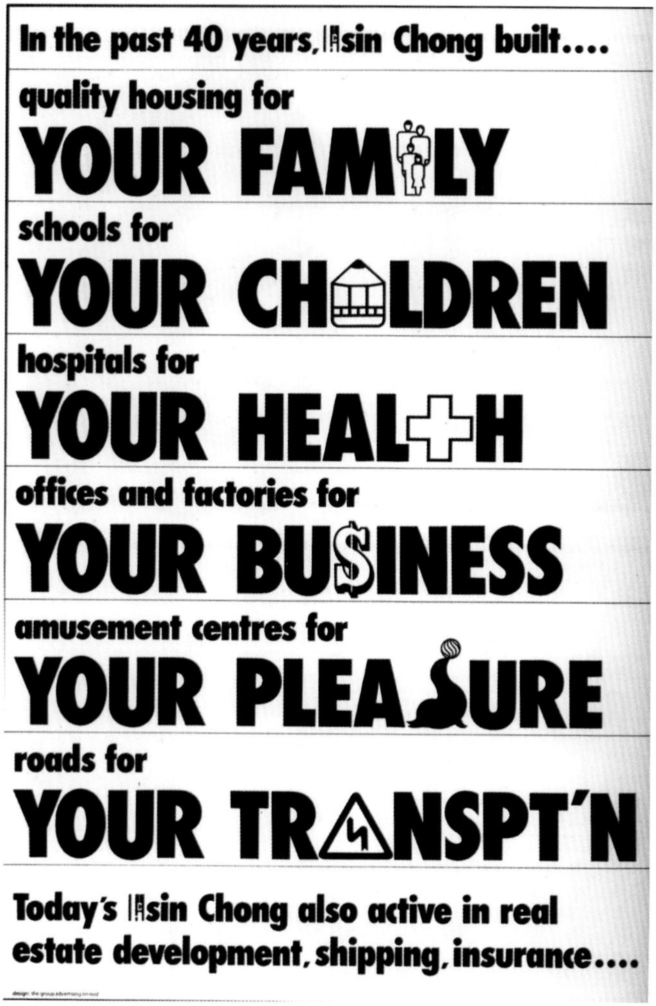

图 8-6

第三节 对 比

对比是广告的传统表现手法之一，最常见的就是“使用前……使用后……”的对照表现，突出显示了产品的功能。

谈到对比广告，值得一提的是宝洁公司的广告，对比是其使用得最多的广告形式，然而却令人百看不厌，确信不疑。

许多对比手法的应用都非常有创意。

图8-7是 Gold 健身房的广告。狭窄的入口和宽阔的出口形成鲜明对比，读者可以想像到该健身房的神奇功效了。

图 8-7

广告代理：JACK

客户：Gold's Gym International

图8-8是一健身俱乐部的广告。能够实现从圆滚滚的篮球到棱角分明的橄榄球的蜕变，想必也是大多数肥胖者的希望吧。

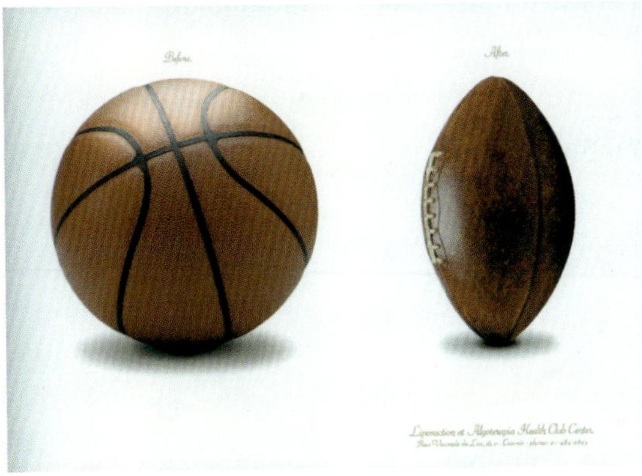

图 8-8

图8- 9是韩国某酱料的广告。显然，没有使用酱料令人沮丧，使用后令人喜悦。

图 8- 9

图8-10是治皮癣的药品广告。注意框和文字的位置，跟使用药品前后的皮肤状况不同，使用前都是疙瘩，使用后光滑无比，可见药效显著。

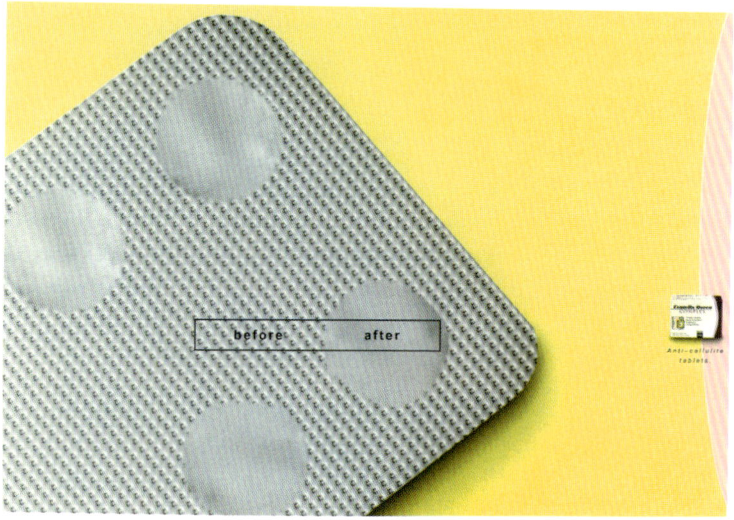

图 8-10

第四节　重复与堆砌

重复是广告中运用得最多的表现手法之一。重复的效果就是使得广告主的产品或品牌名称得到多次的曝光，强化目标受众的记忆。

2003 年美国百威啤酒的“What's up”电视广告通过几个朋友之间互相在电话中不断地重复这句话而风靡一时，以至于成了纽约地区最时髦的问候语。(见图8-11)

图 8-11

广告代理：DDB，Chicago，Chicago

客户：百威啤酒

图8-12是杀虫剂广告。利用苍蝇的复眼，显现苍蝇临死前最后一眼所看到的都是 kiwicare 杀虫剂罐子的影像。

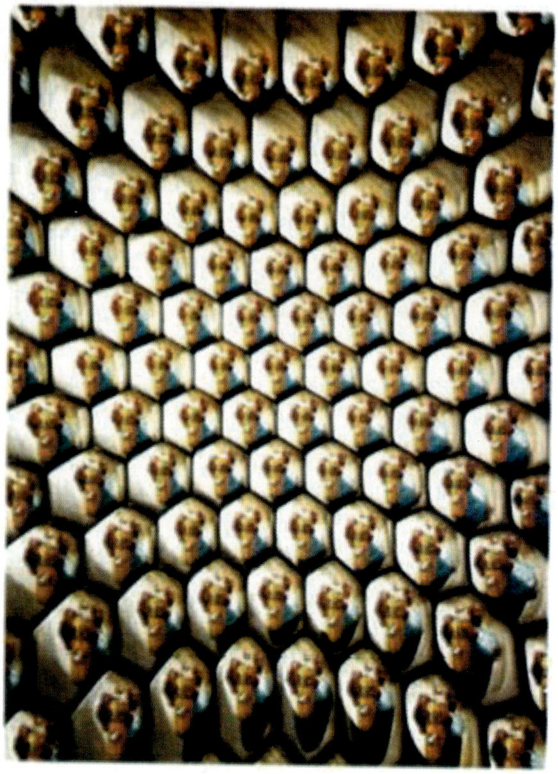

图 8-12

第五节 夸　　张

在广告表现中，可以借助想像，对广告作品中所宣传的对象的品质或特性的某个方面进行相当明显的过分夸大，以加深或扩大这些特征的认识。文学家高尔基指出："夸张是创作的基本原则。"通过这种手法能更鲜明地强调或揭示事物的实质，加强作品的艺术效果。

夸张是一般中求新奇变化，通过虚构把对象的特点和个性中美的方面进行夸大，赋予人们一种新奇与变化的情趣。

按其表现的特征，夸张可以分为形态夸张和神情夸张两种类型，前者为表象性的处理品，后者则为含蓄性的情态处理品。通过夸张手法的运用，为广告的艺术美注入了浓郁的感情色彩，使产品的特征鲜明、突出、动人。

图8-13是"神奇"胸罩广告。队列中这位女士与他人的间隔显示穿戴该胸罩后的夸张效果。

图 8-13

广告代理：DM9 DDB，Sao Paulo

客户：Valisere

图8-14中将火车撞翻的汽车，人和车身都完好无损，夸张地表现了该车的优良与安全性能。

图 8-14

图8-15中大街上的建筑物都贴上了“易碎”的标志，因为 POLO 车来了，显示 POLO 车的坚韧和速度。

图 8-15

图8-16广告中因为 Nokia 3310 太便宜了，所以争破了头。

图 8-16

图8-17中使用金霸王电池后的电动玩具车冲劲无穷、速度无穷、力量无穷。

图 8-17

思考与练习

1. 下图是新“健力士”啤酒的广告。你还能想到其他的点子来表现其“特别冰”的诉求点吗?

广告代理：AMV BBDD London

客户：Guinness（英国健力士黑啤）

2. 请根据图中所示 3 格漫画作品“失眠者”继续进行创作。

我不怕死……
只是希望死神来临的时候我不在场
橄榄油是橄榄做的……
葵花籽油是葵花籽做的……
那么，婴儿油哪里来的？

第九章 广告表现手法（二）

第六节 隐喻与类比

隐喻是广告创意中常见的手法之一，含蓄的比喻常常隐晦曲折，“婉而成章”。隐喻借助事物的某一与广告意旨有一定契合相似关系的特征，“隐譬连类”，使人获得生动活泼的形象感。

类比则是将产品的某个特性和人们熟知的某个事物作比较，“取象近而意旨远”，使人产生联想，突出强化产品特性，加深了消费者对其的印象。

图9-1中从瓶中倒出的 Pamalat 辣酱，让人自然地联想到辣得吐舌的嘴巴。

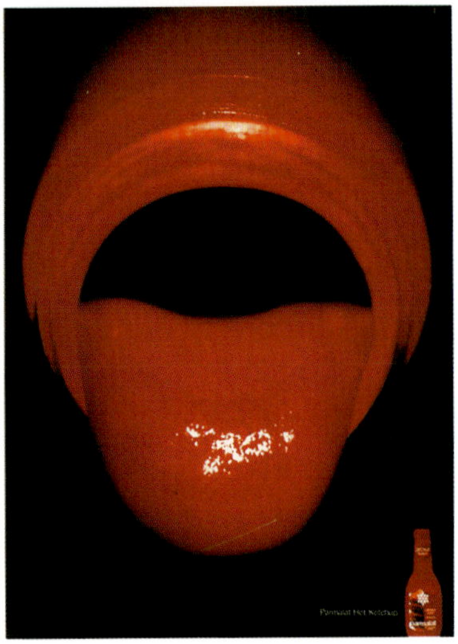

广告代理：DM9 DDB，Sao Paolo
客户：Hot Ketchup

图 9-1

图9-2中露出水面的浮杆的尖端，下面应当是条大鱼吧？仔细一看，却是约翰·维斯特吞拿鱼罐头的瓶盖。

图 9-2
广告代理：Leo Burnett，London
客户：John West/Tuna

图9-3是某洗涤剂的广告。被咖啡、冰激棱、墨水等弄脏的地方都可像撕贴纸一样被轻松撕起来，可见洗涤剂的功效强劲。

图 9-3

图9- 4是用渔夫之宝润喉糖的外包装折叠成的蝎子、鲨鱼、犀牛，用来比喻该润喉糖的效果之强烈。

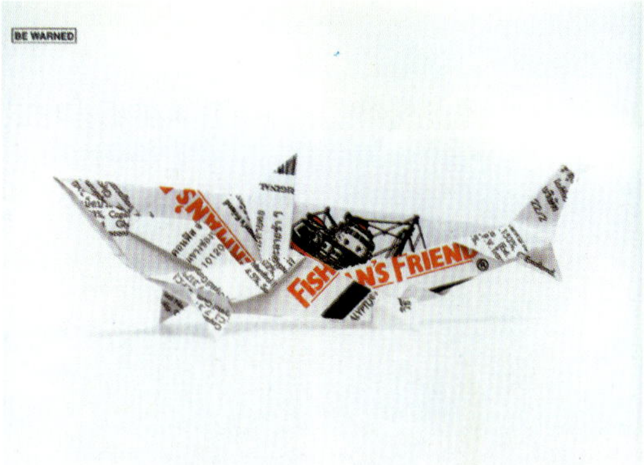

图 9- 4

广告代理：Ogilvy & Mather Bangkok

客户：Fisherman’s Friend

图9-5中体形巨大的快递员竟然骑上了小孩子的车子，表达了快递公司FedEx的服务信条：Whatever it takes.

图 9-5

图9-6中状似救生圈的杜蕾思安全套，一切尽在不言中。

图 9-6

广告代理：McCann-Erickson，Barcelona

客户：Durex

图9-7是1996年戛纳广告节获奖作品。一枚被巧妙折成车型的安全别针，用来比喻沃尔沃汽车的安全系数极高，画面简洁，诉求明确。

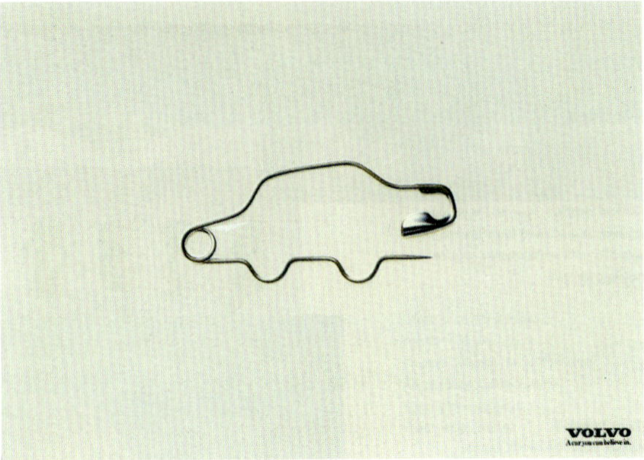

图9-7

广告代理：Dentsu Young & Rubicam，Tokyo

客户：Volvo

图9-8是“碧浪”清洁剂的广告。其首先分布在上衣的各个部位，注意观察，会发现污渍部分分别是澳大利亚、印度、北美地形，寓意清洁剂可以清洗任何地方的任何污渍。

图9-8

广告代理：Saatchi & Saatchi London

客户：Procter & Gamble/Ariel

图9-9中倒置的牙膏瓶口恰好填补了原本缺失的牙齿，喻意佳洁士牙膏让你的牙齿完好无损。

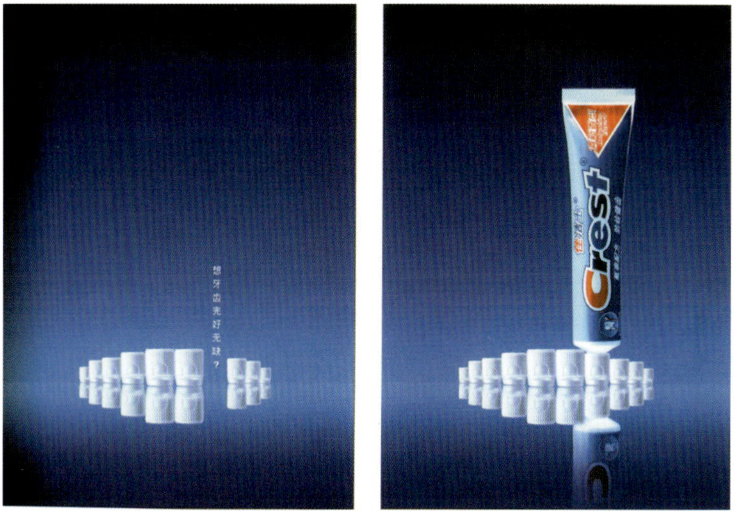

图 9-9

第七节 标志符号

标志或符号往往简洁直接，又形象生动，广告中常利用人们熟悉的标志或符号，对其再加工，或改变其旧有形式，赋予它们新意义。下面这些广告中的标志符号看似简单，却内涵丰富，准确传达了广告的诉求点。

图9-10是某杂志广告。带有创可贴的象征女性的符号，喻为保护女性人身安全，免受暴力侵害。

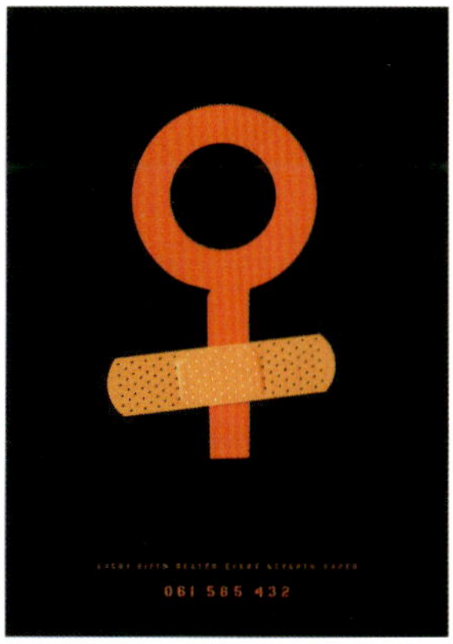

图9-10

广告代理：STB Saatchi & Saatchi Ljubljana

客户：New Moment Magazine

图9-11是《经济学人》杂志广告。开关中代表断电的off被巧妙替换，预示着该杂志为读者提供永不断电的资讯，让读者时时刻刻电力十足。

图 9-11

广告代理：AMV BBDD London

客户：The Economist

图9-12是印度咖哩粉广告。醒目的黄色和三块萨摩萨饼摆成象征危险的反射状图案。小心！极辣！

广告代理：Saatchi & Saatchi Cape Town

客户：Tandoor North Barbeque & Curries

图 9-12

图9-13中倒置的问号勾勒出一个孕妇的形象，是一个专门为孕妇提供资讯的机构的广告。

图 9-13

广告代理：Nova Publicidade，Lisbon

客户：Madalena Teixeira

图9-14：“索尼随身听，音乐伴我行。”

图 9-14

广告代理：Tandem Campmany Guasch DDB，Barcelona

客户：Sony Walkman

图9-18中牛妈妈为何如此生气？原来小牛更偏爱“杨协成”豆奶饮料。故事俏皮可爱，切合目标受众——儿童的心理。

图 9-18

图9-19是电影里常见的警匪对峙场景，好像马上就要爆发一场枪战，警察们舍弃了警车，以 POLO 车作为掩护，可见 POLO 车坚不可摧。

图 9-19

第九节　媒介的创意运用

一直以来，广告人都试图寻找新的广告媒介来更有效地传载广告信息，巧妙地将我们周围环境和广告元素相搭配，不断发掘更新的媒介形式并加以利用，往往会有意想不到的效果。现今，媒介的创意还主要集中在户外广告和产品包装上。应该说，随着互联网时代的来临，人们早已不仅仅将自己的注意力集中在传统媒体中，人们热烈地期待着新鲜事物的诞生。顺应消费者的这种心理特征，如果能创意性地使用媒体，往往能比较好地博取消费者的认同。从传统的四大媒体发展至今，许多新生媒体被媒体工作者创造性地制造出来，或者对传统媒体加以衍生，从而使得广告信息以别开生面的方式展现在消费者面前。比如楼宇广告、数字广告、电影院广告、门票广告、交通工具广告，甚至有“活体广告”（厂商安排特定的人员背着液晶屏幕在人群中穿梭，或者穿着某种广告服装来往于热闹地带）。可以说，在未来，如果能够对一些常规的，甚至是人们常规思维下的废弃物进行利用的话，效果自是无可厚非。

创意性地使用媒体，创意者可以从以下几个方面进行思考：

1. 尝试使用交通工具。因为交通工具在人们的视野里出现频繁，并且其移动的性质不容易使人厌烦。当然，交通工具，也可能很难在受众的心里留下强烈的印象，因为其“稍纵即逝”。如图9-20～图9-23所示。

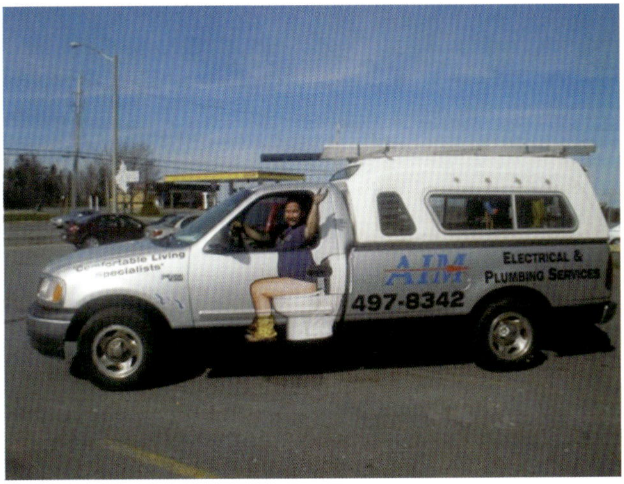

图 9-20

图 9-21　手表广告

图9-22中的“别跳”是求职网站 careerbuilder. com 的广告。初看，含义为劝阻那些生活无着落、走投无路的人，其实目标受众非常广泛。

图 9-22

广告代理：The Martin Agency，Richmond

客户：CareerBuilder，Inc.

图 9-23

2. 尝试使用产品包装。因为产品包装是随着产品进入消费者生活里，在人们的身边逗留时间长，对消费者构成视觉上的强迫性。如图9-24、图9-25所示。

图 9-24

图 9- 25

3. 尝试使用大众设施。随着城市里基础设施的不断完善，城市设计的愈加人性化，城市里涌现出了大量的大众娱乐设施。事实上，它们在人们的生活中产生了巨大的影响。创意工作者可以尝试对它们加以利用。至少，对于大众娱乐设施的消费者能产生巨大的广告效应。如图9- 26～图9- 28所示。

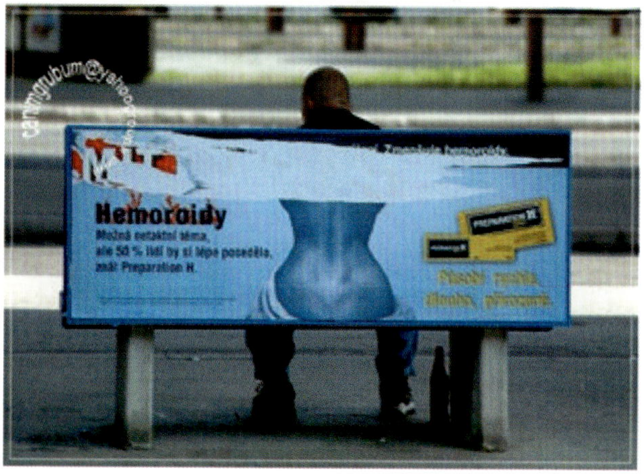

图 9- 26

图9-27所示广告呼吁人们多留点时间陪孩子，利用手扶电梯宣传。

图 9-27

广告代理：BOEBEL/ADAM，Frankfurt

客户：Make Time For Children

4. 尝试使用城市基础设施，通常表现为下水道、排气道、电缆、电线杆等。这些设施可谓是一个城市维持生存的“衣食父母”，尽管形象不佳，却是一个城市中不可缺少的。如图9-28～图9-34所示。

图9-29这幅公益广告上螃蟹身上下水道口的天衣无缝的配合，使整个广告图案栩栩如生又耐人寻味。

图9-30所示原本只是一个废气排放口，经过创意人员巧妙的设计，宛如热气腾腾的咖啡。

图 9-28

图 9-29

广告主题：污染了海洋，也害了我

广告代理：Saatchi & Saatchi，Auckland

客户：Auckland Regional Council（奥克兰地区委员会）

图 9-30

图 9-31

图 9-32

DANGER
DURACELL
DURACELL
POWER BEYOND
THE ORDINARY

图 9-33

Rejoice
Rejoice

图 9-34

5. 路牌广告

如图9-35、图9-36所示。

图 9-35

图 9-36

思考与练习

1. 试着借助一种城市基础设施，进行广告设计。

2. TBWA 的创意总监 Trevor Beattie 近年来最有名的也最有争议的作品就是那个 fcuk 广告——他看到 French Connection 公司的内部传真中把公司简称为

fcuk 而想出了用这四个字母合起来替 French Connection 打造形象的主意。该广告投放市场后遭到许多人的非议特别是家长的批评，因为乍一看 fcuk 这几个字母，几乎所有的人都会以为它是英文中的粗口。一时间，众多媒体对该事件进行报道。而此争议局面的出现可以说也正是广告公司所希望看到的。

对此你怎么看？如果你是广告创意人，你会做这样的广告吗？

附录：贝纳通的色彩世界

意大利的贝纳通 Benetton 公司成立于 1965 年，最初以生产手工编织套衫为主，后陆续推出休闲服、化妆品、玩具、泳装、眼镜、手表、文具、内衣、鞋、居家用品等。其品牌包括“全色彩的贝纳通（United Colors of Benetton）”、“希思莉（Sisley）”、“012”，至今已在世界一百多个国家建立了四千多家商店。

1985 年开始贝纳通不断推出以种族、艾滋病、同性恋、战争等敏感话题的广告作品，一度成为备受争议的广告（如图9-37～图9-41）。西方媒体开始聚焦它，有些广告甚至遭到媒体封杀。有些人认为贝纳通的广告内容与产品毫不相干，只是为了吸引大家的眼球从而以其话题引起争议，属纯粹的炒作行为。但是，那些主题真的是不相干的吗？它们与“全色彩的贝纳通”这个品牌有什么内在的关联？

那么，贝纳通的这些争议主题到底说些什么？贝纳通通过广告画面（摄影作品）宣扬种族和解（黑人母亲哺乳白人婴孩，白人男子亲吻深色皮肤的恋人等）；消除对同性恋者的歧视（在一则广告中表现一对同性爱人的早餐情形，与任何一个家庭一样，没有什么差别）；对艾滋病的关注（彩色安全套篇和 HIV 阳性篇）；对战争的厌恶与反对（士兵篇、墓地篇、血衣篇）；对爱与宽容的宣扬（牧师与修女接吻篇）；反对种族歧视（白人黑人黄种人的心脏都是一样的）……至此，我们可以说，贝纳通想要传递的是：虽然这个世界并不完美，但在贝纳通色彩王国里，我们倡导平等、爱与自由，正如色彩是多样化的，人的种类、观念以及国家也是多样化的，人们应该相互尊重、包容与关爱。贝纳通的广告，已经超越了产品的推销与叫卖，它向人们展示的是一个有社会责任感的公司，以及试图唤起人们对于这个世界、他人与自身的更多关注与思考。

图 9-37：禁忌的爱——修女和神甫。

图 9-37

图9-38：种族话题，哺乳——黑人母亲和白人婴儿。

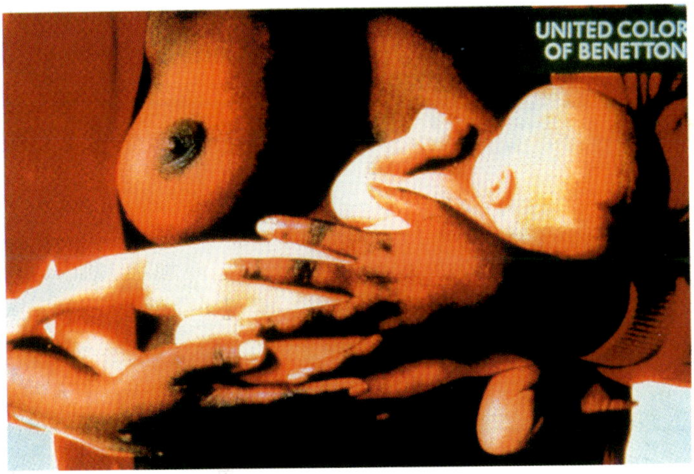

图 9-38

图9-39：左上：彩色安全套，关注艾滋病；左下：关注艾滋病；右上：反种族歧视；右下：波黑战争中战士的血衣，反战主题。

图 9- 39

图9- 40：左上：墓地，反战主题；左下：复仇的士兵；右上：关注世界粮食问题；右下：关注动乱与难民问题。

图 9- 40

图9-41：关注环境问题——为泄漏原油所害的动物。

图 9-41

思考与练习

1. 你认为贝纳通系列广告是为了吸引眼球而哗众取宠还是为表明其社会责任心？

2. 如果你是总策划，你会如何进行创意表现？

参考文献

John Grant, "*The New Marketing Manifesto*", Orion Business Books, 1999

Lazar Dzamic, "*No -copy Advertising*", Switzerland, RotoVision SA, 2001

Mario Pricken, "*Creative Advertising -Ideas And Techniques From The World's Best Campaingns*", London, Thames & Hudson, 2002

Richard W. Lewis, "*Absolut Book. The Absolut Vodka Advertising Story*", Boston, Jpurney Editions, 1996

Clio Awards, "2000 *Clio Awards Annual*", Rockport Publishers, 2001

the Designers and Art Directors Association of the United Kingdom, "*The Copy Book*", Roto Vision SA, 1995

龙玺创意奖有限公司,《龙玺首届环球华文广告奖 1998》,1999

龙玺创意奖有限公司,《第三界龙玺环球华文广告获奖作品集》,北京:清华大学出版社,2002

詹姆斯·韦伯·杨,《广告传奇与创意妙招》,呼和浩特:内蒙古人民出版社,1998

赖治怡的小鱼广告网 http://www.kleinerfisch.com/

香港教育统筹局,校本资优课程教师培训教材套《创意思维》http://prod1.e1.com.hk/education1/main01.html